『いまこそ、改憲はばむ国民的共同を──日本国憲法のあゆみと憲法会議の50年』の発刊にあたって

安倍首相の「戦争する国」に向けた暴走が、日本国憲法を施行以来最大・最悪ともいうべき試練に直面させているなか、憲法会議は結成50周年を迎えました。

憲法会議は1965年3月、岸内閣が発足させた憲法調査会が、「改憲」を多数意見とする「報告書」を提出した直後の、「戦後第2の改憲攻勢の強まり」といわれる情勢のなかで発足しました。それ以後50年、憲法会議は、財界とアメリカの要求に忠実な自民党政治のもとで、憲法の改悪とじゅうりんに反対し、憲法が生きる社会をめざし、たゆみなくたたかい続けました。そのたたかいは、今日まで憲法改悪を許さず、憲法の平和と民主主義の精神を広く国民のなかに定着させることにつながっていると自負しています。

憲法会議は、この50年の足跡をたどり、「憲法運動」のおもな教訓を明らかにする論稿を機関誌『月刊憲法運動』にこの間、8回にわたり掲載しました。また「憲法運動と憲法会議50年」として幾人かにご執筆いただきました。これらをまとめ、本として発行するのは、50年の運動の教訓を当面する安倍内閣の暴走とのたたかいに役立て、憲法が生きる日本に向け、新たな歴史に歩みだすうえでの糧としたいと考えたからです。（本書収録にあたり字句の修正、補強を行いました。）

「日本国憲法のあゆみと憲法会議の50年」は川村俊夫憲法会議代表幹事が、「憲法会議50年史　年表」は石山久男憲法会議代表幹事が責任監修にあたりました。

本書を日本の憲法運動発展に役立てていただけることを願ってやみません。

２０１５年３月　　憲法改悪阻止各界連絡会議（憲法会議）

いまこそ、改憲はばむ国民的共同を――日本国憲法のあゆみと憲法会議の50年〈目次〉

I

日本国憲法のあゆみと憲法会議の50年

『月刊憲法運動』編集部　監修　川村俊夫（憲法会議代表幹事）

はじめに

1965年3月6日に結成された憲法会議は、今年、50年目を迎えました。この半世紀にわたり、憲法会議は粘り強い運動を全国で展開し、国際的にも例を見ない「憲法運動」という独自の分野を切り拓いてきました。そのことを通じ、憲法会議は国民の中に〝憲法の心〟を浸透させるとともに、さまざまな角度から日本国憲法を空洞化させ、その改悪を図ろうとする改憲勢力の企てを阻止し、憲法が生きる日本の実現をめざしてきました。

しかし自民党・安倍内閣はいま、財界とアメリカの意を受け、〝戦争する国〟づくりをめざした明文・解釈両面からの改憲攻撃を、日本国憲法施行いらいかつてない規模で展開しています。それが、戦前の明治憲法（大日本帝国憲法）のもとで展開された侵略と暗黒政治への反省を投げ捨て、戦争違法化をめざす世界の大きな流れにも逆行するものであることは明白です。「政府の行為によって再び戦争の惨禍が起ることのないやうにすることを決意」し、「主権が国民に存することを宣言」（前文）して定められた日本国憲法を、「我が国の歴史・伝統・文化」を踏まえていないと攻撃し、「日本国は、長い歴史と固有の文化を持ち、国民統合の象徴である天皇を戴く国家」（自民党「日本国憲法改正草案」前文、２０１２年４月）という憲法に置き換えようとしていることに、そのことは象徴的にあらわれています。

戦後70年を経たいまもなお、このような歴史逆行の攻撃を日本国憲法におこなっている背景には、日本の支配層のなかではこれまで、明治憲法体制への本格的な総括が一度も行われないままにきたという事実があることを指摘しないわけにはいきません。

憲法会議結成50年の大きな節目を機会に、いま一度日本国憲法の歴史的原点と、この憲法を擁護・発展させてきたたたかいの歴史を振り返ります。

一、近代立憲主義の憲法と明治憲法

封建時代の末期、欧米の先進諸国では、貴族や僧侶などの特権身分に属さない一部の勢力が、土地の所有を拡大して貧農・小農を農業労働者として雇用するブルジョア地主に、あるいは商品交換という経済活動に従事する商業ブルジョアジーになっていました。これらの勢力にとって、農民は一生農民として土地に縛り付ける強固な身分制や、君主がほしいままに言論・表現や信教の自由、身体の自由などを抑圧していた封建的支配体制を打破することは、本格的な資本主義体制に移行するうえで避けられない課題となっていました。

そのため、イギリスやフランス、アメリカ等ではブルジョアジーが主導する民主主義革命がおこり、その勝利の宣言として「近代市民憲法」が制定されました。したがってその憲法は、権力を行使する封建君主らの権力行使の在り方を定める命令書ともいうべき性格をもつものとなりました。そこには、言論・表現・信教の自由や身体の自由などの自由権、身分制を廃止する平等権の保障が盛り込まれましたが、なによりも重視されたのは資本主義的な財産権の保障や契約の自由など経済活動の自由です。

日本でも江戸時代の後半期以降、百姓一揆が急速に広がり、その規模も大きくなって、武士を支配階級とする強固な封建社会の基盤を根本から揺るがし、弱体化させていました。明治維新とは、この百姓一揆の高まりを背景に、薩摩・長州などの下級武士や公家出身の高官たちのリードにより、封建制から資本主義への日本社会の移行を強力に推進した政治・経済・文化の全体的変革を意味します。しかし、その主たる推進者たちは最終局面では自由と民主主義を求める人民の闘争を裏切ってこれを弾圧する側にまわりました。

その結果制定されたのが大日本帝国憲法（明治憲法）です。この憲法は、欧米で制定された近代市民憲法が君主を拘束するものとなったこととは正反対に、人民の自由や権利を徹底して抑圧し、逆に「朕カ現在及将来ノ臣民ハ此ノ憲法ニ対シ永遠ニ従順ノ義務ヲ負フヘシ」（明治憲法発布勅語）と国民にのみ遵守を義務付け、天皇の絶対主義的権力を確立するものとなりました。このため明治憲法は「外見的（ニセ）立憲主義」の憲法とよばれます。

（1）自由民権運動の憲法思想

欧米文化の流入と自由民権運動

明治政府が長い鎖国に終止符をうって文明開化を唱導するや、欧米の近代文明が堰《せき》を切ったように入ってきました。そのなかには翻訳的にもちこまれた近代憲法思想も含まれていました。たとえば福沢諭吉は著書『西洋事情初編集』の中で、アメリカの独立宣言では国民の意思に背いた政府を倒すことを国民の権利としていることや、イギリスの国王は法律によって権限を制限され、国王が提案した法律といえども議会が反対すれば施行できないこと、などを紹介しています。

日本国憲法にたいし、いまだに「おしつけ憲法」の悪罵が投げかけられていますが、たしかに近代憲法の思想が、西洋から学んで初めて知った西洋文化の一つであることは疑いありません。しかし日本国民は、「地租改正」による増税や徴兵制などの重い負担に反対する運動と結びつけた自由民権運動のなかで、たちまちその近代憲法思想を日本的に咀嚼《そしゃく》し、自身のものとして取り込んできたのです。

その結果、それぞれの立場からの憲法草案づくりがおこなわれるようになりました。それらは全文が明らかになっているもの、一部が明らかになっているもの、その内容がまったく不明のものなどさまざまですが、時期的にみれば大きく3つの段階にわけることができます（家永三郎『日本近代憲法思想史研究』）。

第1段階は、1874（明治7）年1月の板垣退助、江藤新平、後藤象二郎ら8人による「民撰議院設立建白書」提出以前のものです。これらの議論は急進士族の民権論者らが発行する雑誌などで発表されたもので、大衆的基盤をもつものではなく、むしろ人民を愚民視し、少数志士による安易な実力行使を急ぐなど、没落士族の反乱に近いものでした。その憲法草案はおおむね政府官僚が作成したもので、民選議員を含まない国会を構想するなど、本格的な近代憲法とは呼び得ないものです。

第2段階は、それまでの愛国社を国会開設期成同盟に切り替えた1880（明治13）年からその翌年にかけての自由民権運動＝国会開設請願運動の全盛期に作成されたものです。これらは、全国各地の豪農・豪商層を中心とする大衆的基盤をもつものとして広がり、租税負担者として、自分たちに課せられる租税の徴収やその使途の決定に自分たちの代表が参加することを要求し、そのために国会を開設せよという主張を基本にしていました。その憲法論議も、民間の民権陣営やその周辺の知識人の手で作られた私擬憲法草案を中心に展開されています。その中には英米の人権論の影響を受けた立志社の「日本国憲法見込案」、フランスの人権宣言等の影響を受けた植木枝盛の「日本国国憲按」、千葉卓三郎の「五日市草案」などがあります。これらは次に見るようにおおむね立憲主義の立場にたったものでした。これに対抗して官僚側でも立案がおこなわれましたが、岩倉具視綱領など、わずかながら立憲主義を否定したものもありました。

明治政府はこれらへの対応として1881（明治14）年10月、天皇の「国会開設の詔書」を発します。1890（明治23）年を期して国会を開設するというものですが、最後に「仍《な》ホ故《こと》サラニ躁急ヲ争ヒ、事変ヲ煽シ、国安ヲ害スル者アラハ、処スルニ国典ヲ以テスヘシ」と、憲法案作成などでこれ以上騒ぎ立てるなら刑罰に処するとの恫喝をおこなっています。政府は、すでに1875（明治8）年に支配層への政治的批判を封ずる讒謗《ざんぼう》律や、「政府ヲ変壊シ国家ヲ転覆スル論ヲ載セ騒乱ヲ煽起セントスル者」等を弾圧する新聞紙条例などを制定し、自由民権運動に対する公然たる弾圧に乗り出していましたが、この段階では刑法典の治安立法的刑罰規定の適用も強化されました。これによって運動は終息に向かうことになります。

そして第3段階は、加波山事件、秩父事件などが起こって民権運動が崩壊期に入っていく明治17年以降です。政府の弾圧や切り崩しによって豪農層がしだいに運動から離脱し、その政治的組織体であった自由党の幹部の間にも動揺が広がって専制政治への対決姿勢が弱まり、84年には自由党そのものも解散し、自由民権の組織的な動きはほとんど解体してしまいます。この時期、憲法草案の形をとるものは姿を消し、国会構想のみが語られるようになりました。政府が「国会開設の詔書」をもとに官僚の私案ではなく、公的に憲法起草の作業に着手したためです。

しかしながら自由民権運動のなかで、日本においても本格的な憲法論議がおこなわれたという事実は軽視できません。その内容は敗戦後における日本国憲法制定にむけた憲法論議へと引き継がれていくからです。

人民の要求した憲法構想

明治憲法公布以前に、憲法草案の形をとって公表され、その全文または一部が現在も残っているものは40前後とされています。そこには、民権派ばかりでなく、宮中の官吏や政府官僚が作成したもの、反民権派が作成したものも含まれます。しかし重要なことは、それら官側または反民権派の起草した憲法草案でさえ、「(宮中の官吏の元田永孚起草の国憲大綱、井上毅起草の岩倉具視憲法綱領など）きわめて少数の例外を除き、いずれも後に実定法として制定された帝国憲法よりはるかに立憲主義的であり、実質的に民権派の起草したものと共通する要素が少なくないのである。したがって、上記の例外的な僅少の反民主主義草案を別とすれば、明治10年代にあっては、官民の間に共通する立憲主義的な憲法構想が一般的通念として存在した」（家永三郎『歴史の中の憲法・上』）とされています。それらは国会開設をかちとろうとする広範な国民運動を背景に、近代憲法思想を日本人自身の中に定着させる努力のあらわれだったといえます。その要点を見てみます。

〔**主権・君主の地位**〕 主権についての考え方では、主権は君主と人民、あるいはその代表機関である国会が共有するという君民共治説が、主権在君説を圧倒していました。なかでも植木枝盛の「日本国国憲按」のように「日本国ノ最上権ハ日本全民ニ属ス」と国民主権を明記したばかりか、政府が専制をほしいままにしたときは、人民はたちあがってこれを倒すことができるという「抵抗権」まで盛り込んだものもあります。植木はその後弾圧を考慮して添削を加えた清書本では、「立法ノ権ハ日本聯邦ノ人民全体ニ属ス」と立法権に限定した書き方に改めたものの、その精神は貫こうとしました。いずれにしろ、君主のみが主権者であると主張した憲法草案はごく少数にとどまっていました。

そのことを反映し、君主の地位についての規定では、君主の即位にあたっては、国会において憲法遵守の誓約をおこなうことを義務づけたものが多くありました。とくに立志社「日本国憲法見込案」などは、「皇帝ハ反逆重罪ニ因テ其位ヲ失ス」ということまで定めていました。

〔**人権の保障**〕 人権の主体となる国民について、明治憲法に採用された「臣民」の言葉を使っているのは岩倉具視だけで、「人民」とする案が二つある他は、後に明治憲法制定に加わった井上毅を含めてすべて「国民」という言葉を使っています。しかしその国民の権利を法律の留保なしに保障したものは、植木案・立志社案・村松愛蔵案があるだけで、他のすべては明治憲法ほどではないにしろ、法律の留保のもとで人権を保障するとしていました。もっとも、その留保の仕方も、積極的に法律による人権の縮減を禁止した植木案から、権利よりむしろ義務を強調した法制叢考案まできわめて大きな差があります。封建社会以来の権力支配と共同体における強い規制からぬけだし、個人の自由の不可侵性を主張するには、なお経験が不足していたためと言えます。ただし、五日市憲法草案のように「(あらかじめ検閲を受けることなく)ソノ思想、意見、図絵ヲ著述シ、コレヲ出版頒行シ、アルイハ講談、討論、演説」する権利など、きわめて具体的かつ豊富に保障されるべき人権を列記したものもあります。

〔**国会の権限**〕　特徴的なことは、ほとんどすべての構想が行政府を左右する権限を国会に与える議院内閣制、あるいはそれに準ずる制度を考えていたことです。内閣の弾劾権を含め、内閣が国会の信任と無関係に独走できる余地を残したものは皆無に近いといえます。皇位あるいは皇室の重要事項についても、国会の承認を必要とするとしたものが圧倒的でした。

しかし、その国会の構成に関しては、民選議院一院のみとする案と、皇族・華族の特権議員や勅選議員からなる上院を含む二院制の主張がありました。選挙権については、一定の納税額を選挙権の条件とすること、女性の選挙権を認めないことはすべての案に共通しています。

ただし、皇位継承の順序の変更、君主の結婚等その範囲はさまざまですが、これらには国会の承認を必要とするとしたものが圧倒的に多かったことは注目に値します。

これらは戦後の民間における憲法論議に大きな影響を与えることになります。

（2）大日本帝国憲法の制定

反革命後のドイツ憲法がモデル

自由民権運動のなかでつくられた憲法案は、政府自らが元老院につくらせた案すら、予想以上に民権派に近い内容となっていました。岩倉具視・伊藤博文はこれらを「各国ノ憲法ヲ取集焼キ直シ候迄ニテ、我国体人情等ニハイササカモ注意致シ候モノトハ察セラレス」とみなし、これらは日本の「国体」にあわないと一蹴、君主主権の憲法を上から与える方針を固めました。伊藤は、「機軸ナクシテ政治ヲ人民ノ妄議ニ任ス時ハ、政其統規ヲ失ヒ国家亦随テ廃亡ス。…我国ニ在テ機軸トスベキハ独リ皇室アルノミ。是ヲ以テ此憲法草案ニ於テハ専ラ意ヲ此点ニ用ヒ、君権ヲ尊重シテ成ルベク之ヲ束縛セザラン事ヲ勉メタリ」（「此草案ヲ起草シタル大意」）と述べています。ここにこそ伊藤が明治憲法制定にこめた最も中心的なねらいがありました。

憲法草案の起草作業は１８７９（明治12）年以来、ドイツ人ロエスラーを法律顧問に迎え、わずか数人の官僚とロエスラーだけで極秘裏にすすめられました。１８８２（明治15）年から翌年にかけて、伊藤自らが勅命を受けてヨーロッパにおもむきましたが、それはもっぱら国王を統治権の総覧者とするドイツのプロイセン憲法に学ぶためでした。

イギリスでは普通選挙権を要求するチャーチスト運動が最高潮に達し、フランスでは王政をたおした「二月革命」がおこった１８４８年、ドイツでも「三月革命」がおこりました。その結果議会が招集され、君主制を残しながらもその権限を制約し、法の下の平等や、集会・結社の自由、請願権を盛り込んだ「ドイツ憲法」（フランクフルト憲法）が作成されました。しかしドイツのブルジョアジーは、フランスやイギリスと違って自分たちで権力を確立するだけの力をもっていませんでした。そのため、労働者や農民と手を組むよりも、封建勢力と手を組んだほうが安全に資本主義への道をすすむことができると考え、「三月革命」を裏切り、フランクフルト憲法は実施されないままとなりました。かわって制定されたのが、プロイセン憲法です。国王の権限は「神の恩寵」によって与えられものであるとの徹底した君主主権の原則がとられ、行政権ばかりでなく、法律を発案し、裁可する権限、議会の開会・閉会・解散の権限、勅令によって政治のありかたを決める権限まで国王のものとされ、裁判も「国王の名において」おこなわれ、国民のどのような権利も「法律で定められた場合および方式において」のみ認められるものでした。まさに「ひしひしと迫ってくる労働者階級から有産者階級全体を守る」（エンゲルス『ドイツ農民戦争』序文）ための憲法でした。明治初期における日本の政治・社会状況とウリ二つの状況のもとで制定されていたのがプロイセン憲法だったのです。

伊藤がこのプロイセン憲法に多くを学んだことは、つぎにみる明治憲法の内容からも明らかです。そして伊藤らは、「欽定憲法ハ、代議士ヲ召集シテ議定セシムルヲ要ス」という井上毅らの声をも退け、わずかに枢密院の、これまた極秘裏の審議に付したのみで決定されました。

天皇の絶対的権力を確立した明治憲法

大日本帝国憲法（明治憲法）は、1889（明治22）年2月11日、神話の世界で第一代の神武天皇が即位した日とされるこの日を選んで、明治天皇から総理大臣黒田清隆に「下賜」するという形をとって公布されました。明治憲法が自由民権運動の大衆的攻勢によって明治政府の首脳部に制定を余儀なくさせた面をもつことは無視されるべきではありませんが、この発布の仕方そのものも象徴するように、国民的要求を実質的に拒否し、天皇の絶対的権力を確立するという意図が徹底して貫かれました。

官民の憲法草案では必ずしも天皇の規定を最初に置くこととはなっていませんでしたが、明治憲法は第1章に天皇の章を据え、「臣民権利義務」はその後の第2章に置かれています。

これも単なる形式問題ではなく、「民主国ハ人民ヲ首トシ、立君国ハ君主ヲ基本トスルトシテ以テ之カ編次ヲ為ササル可カラス」（井上操『大日本帝国憲法述懐』）と君主制をとることの必然の結果であると解説されています。

そしてまず、「大日本帝国ハ万世一系ノ天皇之ヲ統治ス」（第1条）と、日本は神武天皇いらい絶えることなく天皇が支配してきた国であるという『古事記』『日本書記』にもとづく神話の世界の話がそのまま憲法に持ち込まれています。そして、「天皇ハ神聖ニシテ侵スヘカラス」（第3条）と天皇は精神的にも支配者であることが規定されます。ヨーロッパの君主はその権限を神から授かった神の「代理人」にすぎない（王権神授説）ため、その権限を正しく行使したかどうかの「最後の審判」をうけなければなりません。しかし日本の天皇は神そのものなのです。

そのうえで、「天皇ハ帝国議会ノ協賛ヲ以テ立法権ヲ行フ」（第5条）と、立法は天皇の権限でした。議会はたんにその天皇の行為を「協賛」するにすぎず、当初は法律案の提出すら議会には認められていませんでしたが、さすが修正によって法案提出権が認められました。しかし、天皇の諮詢にこたえて重要な国務を審議する枢密院、枢密顧問の規定があり（第56条）、さらに憲法外的な存在として「元老」がおり、後継内閣の実質的選任権をもっていました。国会には内閣の弾劾権も与えられず、天皇の大権にもとづく歳出や法律にもとづく政府の歳出は政府の同意なしに議会が削除することができないという規定まで設けられていました（第67条）。「立憲主義」を装うために議会制を導入したものの国家機構の中での議会の地位を徹底して制限し、議会の力が統治権に及ぼす影響を最小限にするための装置が二重三重にはめ込まれていました。

内閣は天皇を輔弼《ほひつ》する立場でしかなく（第55条）、裁判は天皇の名においておこなうとされました（第57条）。このほか天皇は陸海軍の統帥権を持ち（第11条）、宣戦布告の権限も持っていました（第13条）。

「第2章　臣民権利義務」では、その章名をめぐって、文部大臣森有礼などは、「臣民」というのは天皇の臣下であって、天皇に対して「責任」を負うのみで「権利」などもたないから「臣民ノ分際」にしろと主張、伊藤博文と論争をしています。そしてこの章自体、「兵役ノ義務」（第20条）、「納税ノ義務」（第21条）という義務の規定からはじまり、その後にようやく登場する人権規定には、その一つひとつに、「法律ノ範囲内ニ於テ」とか、「臣民タルノ義務ニ背カサル範囲内ニ於テ」という留保がつけられ、さらに「本章ニ掲ケタル条規ハ戦時又ハ国家事変ノ場合ニ於テ天皇大権ノ施行ヲ妨クルコトナシ」と念をいれています（第31条）。およそ「基本的人権」という名に値しない人権規定です。

もっともこの第31条は明治憲法下で一度も発動されませんでした。すでに明治憲法公布以前の１８８２（明治15）年の太政官布告によって戒厳令が布告され、戦争や内乱・暴動にあたっては天皇もしくは軍の司令官に、憲法に定められた人権や行政手続を停止する権限が与えられていたからです。

なお、明治憲法施行翌年の１８９０年11月30日、精神生活の面で明治憲法体制を支えるものとして「教育ニ関スル勅語」が発布されました。美濃部達吉はこの「勅語」について、「我ガ教育制度ノ大ナル特徴ハ、国家主義ノ色彩ノ顕著ナルコトニ在リ」（『行政法撮要』）と評しています。

（3）明治憲法下の日本資本主義と国民のたたかい

明治憲法下の半分以上が戦争の時代

明治維新によって日本が本格的に資本主義への道を歩み出すはるか以前に、欧米の列強は産業革命を終え、植民地の獲得・拡大をめざし海外に進出していました。明治政府がとった政策は、日本の資本主義をこれら列強に追いつき、追い越すものへと急速に発展させる「富国強兵」政策でした。

明治政府は、製糸、鉱山などの官営企業をおこし、民間資本に安く払い下げるなどして資本家の保護・育成策を強める一方で、過酷な労働を国民におしつけてはばかりませんでした。東北一円の貧困層からかき集めた出稼ぎ労働者を暴力・虐待のなかで酷使する非人道的資本のあり方を描いた小林多喜二の『蟹工船』、「工場は地獄、主任が鬼で、まわる運転火の車」と紡績工場のもようを告発した細井和喜蔵の『女工哀史』等は、その悲惨さを生々しく伝えています。

同時に明治憲法下の日本は、日清戦争（１８９４年）、日露戦争（１９０４年）、第1次世界大戦（１９１４年）、そして「満州事変」（１９３１年）にはじまる第2次世界大戦と、実にその半分以上が戦争の中にありました。欧米の列強によって地球上のほとんどの地域が植民地として分割されていたため、すでに確定した縄張りに割り込もうと「武力進出」の道を突き進んだからです。

こうした反動と侵略の政治をささえたのが、明治憲法のつくりあげた絶対主義的天皇制でした。この憲法のもとでさまざまな弾圧法規がつくられ、自由と民主主義をめざす国民の運動に襲いかかったのです。

大正デモクラシーから治安維持法制定へ

しかしこの明治憲法のもとでも、生活と権利を守り、平和をめざすさまざまな団体がつくられ、それらの団体によるたたかいがたゆみなく続けられていることを見落とすことはできません。とりわけ、第１次世界大戦から大正終りの治安維持法制定（１９２５年）にいたるまでの「大正デモクラシー」の時期です。この時期、労働者は労働組合をつくり、ストライキをおこなうなどして賃上げや待遇改善のたたかいを果敢に展開しました。

注目すべきは、そうした流れとむすびついて「護憲運動」（正式には「憲政擁護運動」）とよばれる運動があったことです。この時期の憲政擁護とは明治憲法の擁護ではなく、議会、とくに衆議院に内閣の基礎をおくという「憲政の常道」の実現を求めるものでした。１９１３年の第２次護憲運動では、陸軍２個師団の増員に応じない第２次西園寺公望内閣を退陣させ、桂太郎陸軍大将を首相にすえた軍閥・藩閥の横暴に怒った民衆が、「閥族打破・憲政擁護」をスローガンに数万の民衆が国会を取り巻き、翌年２月にはついに桂内閣を退陣に追い込んでいます。

さらにロシア革命（１９１７年）後には、日本社会主義同盟、新婦人協会（20年）、日本労働総同盟（日本労働総同盟友愛会の後身）、自由法曹団（21年）、日本農民組合、学生連合会、水平社、日本共産党（非合法・22年）などが相次いで結成され、各分野の運動を発展させました。こうした流れが普通選挙権要求の運動と結びついていきます。

１９００年（明治33年）に選挙法が改正され、選挙権の要件は直接国税10円以上の納税者に引き下げられ、有権者数は98万人（全人口の２・２％）に増加しましたが、これを推進した山県内閣は同時に治安警察法を制定し、大衆の政治活動弾圧に乗り出しました。しかし、1899（明治32）年発足した普通選挙期成同盟がすすめた普通選挙権実現の運動は、大正デモクラシーのなかで大きな流れとなりました。

1924年1月、「貧乏人に選挙権を与えるのは、国家に反逆するに等しい」と普通選挙権に反対する貴族院を中心とする清浦内閣が成立すると、憲政会・政友会・革新倶楽部の3党は護憲3派連盟を結成しこれに対抗、特権内閣打倒・政党内閣実現をめざす第2次護憲運動に結びつき、5月の総選挙で過半数の286議席を占めて勝利し、護憲3派の政党内閣をつくりました。この護憲3派内閣の成立によって枢密院も、「普通選挙制ハ当今ノ事態ニ照ラシ之ヲ是認スルコト蓋シヤムヲ得ザル所ナリ」（『枢密院文書』）と譲歩を余儀なくされ、25年には男子のみの普通選挙法が制定されました。

しかし、それは今回も「国体ヲ変革シ又ハ私有財産制度ヲ否認スルコトヲ目的トシタ結社ヲ組織シ又ハ情ヲ知リテ之ニ加入シタル者」を10年以下の懲役（後に最高死刑）にするとした治安維持法と抱き合わせでした。世界にも稀な悪法といわれる治安維持法によって国民の運動は沈黙させられ、大正デモクラシーは終焉させられました。そして天皇制政府は、外見的立憲主義の憲法すら棚上げし、中国侵略戦争の泥沼から第2次大戦へと破滅の泥沼へと日本を投げ込んでいきました。

二、敗戦、そして日本国憲法の制定へ

（1）ポツダム宣言受諾と日本の民主化

日本支配層の「ポツダム宣言」受諾の姿勢

1945年7月26日、イギリス、アメリカ、中国は、日本政府に無条件降伏を迫るポツダム宣言をつきつけました。しかし軍部は本土決戦の方針を捨てず、28日、鈴木貫太郎首相に、「（宣言は）ただ黙殺するのみである。我々は戦争完遂に邁進する」との新聞談話を発表させました。こうして8月6日広島に、つづいて8月9日長崎に原爆が投下され、同日、ソ連が「満州」国境をこえて対日参戦しました。

もはや日本の敗戦は避けがたいことが明白となり、8月10日、ポツダム宣言を受諾するか否かを決定するための「御前会議」が開かれました。その結果、「右宣言ハ、天皇ノ国家統治ノ大権ヲ変更スルノ要求ヲ包含シ居ラザルコトノ了解ノ下ニ受諾ス」との条件付受諾表明ともとれる文書を連合国に送ることが決定されました。これにたいし連合国は翌11日、「天皇及日本政府ノ国家統治ノ権限ハ降伏条項ノ実施ノ為其必要ト認ムル措置ヲ執ル連合国最高司令官ノ下ニ置カルル」、「最終的ノ日本政府ノ形態ハポツダム宣言ニ遵ヒ日本国国民ノ自由ニ表明セル意思ニ依リ決定セラルルベキモノトス」と回答してきました。日本政府は、これを天皇制をそのままにした支配体制＝国体の維持を承認したものと勝手に解釈し、ポツダム宣言受諾を決定しました。

8月15日、天皇はラジオを通じて「終戦の詔書」を発しました。「朕ハ茲ニ国体ヲ護持シ得テ忠良ナル爾臣民ノ赤誠ニ信倚シ常ニ爾臣民ト共ニ在リ」というものです。とても侵略戦争に敗北し、降伏したことを発表する文書とは思えません。しかも天皇は、敗戦にともなう国内の混乱をおさえる切り札として、皇族の東久邇宮を首相にすえたばかりか、大政翼賛会を組織して日本を侵略戦争に導いた中心人物の一人であり、五摂家筆頭近衛家の近衛文麿を副首相格に任命しました。この時天皇は東久邇宮内閣にたいし、「憲法ヲ尊重シ、詔勅ヲ基トシ、軍ノ統制、秩序ノ維持ニツトメ、時局ノ収拾ニ努力セヨ」との詔勅を発しています。明治憲法体制を継続したまま戦後の再建をはかろうと考えていたのです。

そうした日本政府の姿勢が、ポツダム宣言の「日本国国民ヲ欺瞞シ之ヲシテ世界征服ノ挙ニ出ヅルノ過誤ヲ犯サシメタル者ノ権力及勢力ハ永久ニ除去セラルザルベカラズ」（第6項）、「日本国政府ハ、日本国国民ノ間ニ於ケル民主主義的傾向ノ復活強化ニ対スル一切ノ障碍ヲ除去スベシ。言論、宗教及思想ノ自由並ニ基本的人権ノ尊重ハ確立セラルベシ」（第10項）等の規定とまったく相容れないことは明らかでした。しかし実質的に日本占領の全権を握ったアメリカの方針は、「日本社会ノ現在ノ性格並ニ最小ノ兵力及資源ニ依リ目的ヲ達成セントスル米国ノ希望ニ鑑ミ最高司令官ハ米国ノ目的達成ヲ満足ニ促進スル限リニ於テハ、天皇ヲ含ム日本政府機構及諸機関ヲ通ジテ其権限ヲ行使スベシ」（45年9月22日、「降伏後ニ於ケル米国ノ初期ノ対日方針」）と、侵略戦争を推進した勢力をつうじてポツダム宣言の実行にあたらせるというものでした。同じファッショ陣営の側にたって第2次大戦を戦ったイタリア、ドイツでは、侵略戦争を推進した勢力を一掃して戦後の再出発をはかったこととはまったく異なるこの方針は、その後の日本政治のあり方に決定的な影響を及ぼすものとなりました。

その矛盾はたちまち明らかになります。東久邇内閣の閣僚らが、「特高は今なお健在であり、政府形態の変革とくに、天皇制廃止を主張するものはすべて共産主義者と考え、治安維持法によって逮捕される」（山崎巌内相、9月3日）、「政治犯の釈放のごときは考えていない」（岩田宙造法相、同）と公言してはばからなかったからです。降伏は「国体」を護持することだけが目的あり、戦前の暗黒政治やアジア太平洋戦争における侵略行為にたいする反省など微塵もなかったのです。

連合国総司令部（GHQ）も、米国民や他の連合国の天皇制にたいする反感がきわめて強いなか、あまりにもポツダム宣言に反する山崎内相らのこうした言動を看過することではできませんでした。10月4日、マッカーサー総司令官は、天皇・政府に関する討論の自由、政治犯の即時釈放、特高警察の罷免、治安維持法等弾圧法令の廃止などの「自由の指令」を発しました。東久邇内閣はこの指令の実行は不可能として、翌日総辞職しました。

始まった明治憲法改正の動き

ポツダム宣言が求める日本の民主化にとって、明治憲法の改正が不可欠であったことは言うまでもありません。ところが、昭和天皇自身が改正を考えていなかったことはもとより、東久邇宮にかわって首相になった幣原喜重郎や、戦前の天皇機関説事件では民主的立場に立った美濃部達吉すらも、明治憲法のもとでも解釈と運用によって日本の民主化は可能であり、改正は必要ないとの立場をとっていました。近衛の側近が後に述べたところによると、「東久邇内閣は総辞職したが、次の首相が幣原ということになったとき、幣原に憲法改正の問題を話した。これに対し、幣原は、改正の必要は絶対に認めない、これでいいんだとけんもほろろだった」といいます（佐藤達夫『日本国憲法成立史一』）。

こうしたなか、近衛は東久邇内閣が政権を投げだした10月5日、GHQ本部にマッカーサーを訪ね、「政府の組織および議会の構成につき、何かご意見なりご指示があれば承りたい」とお伺いをたてています。マッカーサーはただちに、「第一に、憲法は改正を要する」と述べ、「もし公がその周囲に自由主義分子を糾合して、憲法改正に関する提案を天下に公表せらるるならば、議会もこれについてくると思う」と、なんと彼は近衛が中心になってその作業に着手することを促したのです。

力を得た近衛は憲法学者の佐々木惣一とともに天皇から内大臣府御用掛の命を取り付け、憲法改正作業を開始しました。しかしマッカーサーは、「近衛のごとき者に憲法改正を命ずるとは…」との本国で高まった批判に、「憲法改正のために近衛を選んだことはない」と近衛を見放します。それでも近衛は作業を続行し、11月21日、「(天皇の統治権は)万民の翼賛による」などとした「憲法改正の大綱」を天皇に提出します。しかし、近衛はやがて戦犯に指定され12月16日自殺、「大綱」は陽の目を見ないままとなりました。

なお、マッカーサーは10月10日、東久邇に代わって首相になった幣原喜重郎にも憲法改正を検討すべきことを指示します。これにたいし、憲法改正作業は内大臣府の仕事ではないと近衛の作業に反発していた日本政府は、10月25日、松本烝治国務大臣を委員長とする憲法改正問題調査委員会を発足させます。しかし松本は当初、調査委員会の目的は憲法改正ではなく、「純学問的立場から研究」することにあると説明、憲法改正をめざすことを否定していました。

これらは、敗戦にともない国民生活が大きな混乱のさ中にあり、また治安維持法によって投獄されていた政治犯の釈放が十分にすすんでおらず、戦前、自らを解散して大政翼賛会に合流した諸政党も戦後の体制を模索している間のできごとでした。発足した政府の憲法改正調査委員会も方向性を見出すことができないままにいたのです。

しかしやがて政治犯の釈放、政党の再建や結成がすすみ、民間の言論活動も活発になるなかで、憲法改正をめぐる動きの主導権は政党や民間団体の手に移っていきます。以下その主な流れを見てみます。

45・11・22　日本共産党「新憲法の骨子」

45・12・26　憲法研究会（高野岩三郎、鈴木安蔵、室伏高信、杉森孝次郎、森戸辰男、岩淵辰雄）「憲法草案要綱」
46・1・21　日本自由党「憲法改正要綱」
46・2・14　日本進歩党「憲法改正案要綱」
46・2・23　日本社会党「新憲法要綱」
46・3・4　憲法懇談会（尾崎行雄、岩波茂雄、渡辺幾次郎、石田秀人、稲田正次、海野晋吉）「日本国憲法草案」

「最も保守的な民間案よりも遅れている政府案」

「国体護持」の立場にしがみつく日本の支配層が、明治憲法の「改正」を不要と考えていたことは前述のとおりです。しかしマッカーサーは「米国の初期の対日方針」に見られるように、当初、この日本の支配層つうじて明治憲法の改正をはかろうとしていました。

一方、あいついで再建・結成された各党もそれぞれの憲法構想を発表しますが、天皇制についての考え方一つ見ても、明確に「主権は人民にある」と天皇制の廃止を主張したのは、日本共産党だけでした。日本自由党の「憲法改正大綱」では、戦前の天皇機関説の立場にたって、「統治権の主体は日本国家」にあり、「天皇は統治権の総攬者」であって「法律上及び政治上の責任なし」としていました。戦前の大政翼賛会の中心を占めた議員たちが結成した日本進歩党の「憲法改正案要綱」にいたっては、「天皇は臣民の輔翼に依り憲法の条規に従い統治権を行う」と、国民は依然として「臣民」扱いのままです。社会党も45年11月の結成大会に向けたよびかけでは「光輝ある国体護持の下新日本建設に挺身する」としており、明治憲法体制にたいする批判はまったくありません。その「新憲法要綱」も「主権は国家（天皇を含む国民共同体）に在り」というものです。

民間では、鈴木安蔵らの憲法研究会の「憲法草案要綱」が、「国家的儀式を司る」象徴として天皇制を存続する立場に立ちながらも、「日本の統治権は国民より発す」と国民主権を明確に打ち出していました。ただ、研究会のメンバーの一人であった高野岩三郎はこれにも不満を表明、研究会案とは別に「天皇制を廃し、之に代えて大統領を元首とする共和制採用」とする改憲要綱を発表しました。また、憲法懇談会案は、「日本国ノ主権ハ天皇ヲ首長トスル国民全体ニ淵源ス」（第一条）として立法権を天皇と議会に認めるなどイギリス流の君民共治主義をとっています。なお、メンバーの一人海野晋吉の提案に当初、「第五条日本国ハ軍備ヲ持タザル文化国家トス」との条文があったことは注目されます。結局これは稲田正次の説得によって前文にまわされ、「善キ隣人トシテ他国民ト交ワリ進ンデ世界平和ノ確立ト人類文明ノ向上ニ貢献センコトヲ希求シ」との文章になりました。

こうしたなかで政府の憲法問題調査委員会は46年2月8日、「憲法改正大綱」をGHQに提出します。しかしそれに先立つ2月1日、「毎日新聞」が憲法問題調査委員会の論議の内容なるものをスクープしていました。実は、これは憲法問題調査委員会の初期の段階で宮沢俊義が作成した案に近い内容のもので、明治憲法に多少の修正を加えたものにすぎません。しかし、2月8日にGHQに提出された政府の調査委員会案は、それよりさらに明治憲法の焼き直しという色彩が濃厚で、「第一条大日本帝国ハ万世一系ノ天皇之ヲ統治ス」はそのまま、「第三条ニ『天皇ハ神聖ニシテ侵スヘカラス』トアルヲ『天皇ハ至尊ニシテ侵スヘカラス』ニ改ムルコト」、「第八条所定ノ緊急勅令ヲ発スルニハ議院法ノ定ムル所ニ依リ帝国議会常置委員ノ諮詢ヲ経ルヲ要スルモノトスルコト」、「第二十八条ノ規定ヲ改メ日本臣民ハ安寧秩序ヲ妨ケサル限リニ於テ信教ノ自由ヲ有スルモノトスルコト」等々といったものでした。ここでも国民はいまだ「臣民」扱いのままです。

マッカーサーは「毎日」スクープを見た段階で、「最も保守的な民間草案よりも、さらにずっとおくれたもの」として日本政府を通じての憲法改正作業の断念を決意しました。そして自ら原案を作成して日本政府に示すこととし、「毎日」スクープの翌々日の2月3日、ホイットニー民政局長以下25人のスタッフを集め、①象徴天皇制、②戦争放棄、③封建制廃止の三原則を示し、民政局としての憲法改正案を作成するよう指示しました。この作業は他の連合国はもとより、アメリカ本国政府にも知らせないまますすめたものです。日本に住む両親に会いたさに、22歳の身で占領軍の民間人スタッフとして来日していたベアテ・シロタ・ゴードンもその一員に加えられました。当時を振り返り、「簡単に言えば、出来の悪い生徒の試験答案を先生が書いて、それを口を拭って生徒が書いたとして提出して及第点を貰おうというもの」(『一九四五年のクリスマス』)と語っています。

「おしつけ憲法」論の出自

GHQの憲法改正案作成の作業は46年2月11日に終了しました。2月13日、ホイットニー民政局長らが外務大臣公邸を訪れ、「先日あなたがたが提出された憲法改正案は、自由と民主主義の文書として最高司令官が受け容れることのまったく不可能なものです」と述べつつ、GHQ作成の憲法改正案を吉田茂外相ら日本政府側に提示しました。このときのGHQ側の記録によると、「日本側の人々は、はっきりと、ぼう然たる表情を示した。特に吉田氏の顔は驚愕と憂慮の色を示した。…この表情は、この後の討議中ホイットニー将軍が話している間、変わることはなかった」(高柳賢三他編『日本国憲法制定の過程Ⅰ』)といいます。

このとき、ホイットニー民政局長は、天皇に対する国際社会や米国内の厳しい世論に触れ、民政局案を受け容れることが天皇制を残す最善の案であることを強調し、次のように述べました。

「あなた方が御存知かどうかわかりませんが、最高司令官は、天皇を戦犯として取り調べるべきだという他国からの圧力、この圧力は次第に強くなりつつありますが、このような圧力から天皇を守ろうという決意を堅く保持しています。…しかしみなさん、最高司令官といえども、万能ではありません。けれども最高司令官は、この新しい憲法の諸規定が受け容れられるならば、実際問題としては、天皇は安泰になると考えています。…最高司令官は、私に、この憲法をあなたがたの政府と党に示し、その採用について考慮を求め、またお望みなら、あなた方がこの案を最高司令官の完全な支持を受けた案として国民に示されてもよいことを伝えるよう、指示されました。…最高司令官は、できればあなた方がそうすることを望んでいますが、もしあなた方がそうされなければ、自分でそれを行うつもりでおります」（同前）。

ＧＨＱ案の提示を受けた日本政府内は混乱を極めます。後に「９条の発案者」と言われるようになった幣原首相は「吾々は之を受諾できぬ」と、強い拒否の姿勢を示したといいます（「芦田均日記」）。日本政府案をまとめた松本烝治は「憲法改正案説明補充」なる文書をつくり、アメリカ流の民主主義は日本の国情と民情に合致しないとか、日本の「沈黙している多数の保守的思想」を見過ごすことは危険だなどとＧＨＱに食い下がり、何とか松本案の復権をはかろうとしました。しかしＧＨＱは、「松本案については考慮の余地がない」とはねつけ、政府が受け容れないなら、直接国民に示すと最後通告をおこないました。

結局、日本政府も２月９日になってＧＨＱ案を基本的に受け入れることを閣議決定しました。この経過を「脅し」と受け取るか「忠告」と受け取るかで対応はまるで異なります。

政府の憲法問題調査委員会の委員長をつとめた松本烝治が、54年7月になって自由党憲法調査会（岸信介会長）でこの経過を誇張して紹介したことから、にわかに「おしつけ憲法」論が改憲派の主要な論点の一つになりました。しかし、46年2月8日に憲法問題調査委員会が占領軍に提出した「憲法改正要綱」ではとうていポツダム宣言の義務を果たすものとはなりえず、国際社会の批判を受けることは必至だったことは、否定しがたいことといってよいでしょう。

日本政府とGHQの攻防

GHQ案を日本政府案化するにあたって、GHQと日本政府の間で激しい攻防がおこなわれました。主な点を見ると、つぎのようになります。

【前文】 日本政府側は全文削除を主張。↓GHQ側の強い要求で復活。

【主権と天皇制】 〈GHQ案第一条〉「皇帝は、日本国の象徴であり、又人民の統一の象徴たるべし。彼は其の地位を人民の主権意思より承け、之を他の如何なる源泉よりも承けず」↓〈日本政府案〉「天皇は日本国民至高の総意に基き日本国の象徴及日本国民統合の標章たる地位を保有す」↓GHQが日本政府案を容認。

【基本的人権】 〈GHQ案第二〇条〉「集会、言論、出版その他の一切の表現の自由は、これを保障する。検閲は、これをしてはならない。通信の秘密は、これを犯してはならない」↓〈日本政府案第二〇条〉「凡ての国民は安寧秩序を妨げざる限に於て言論、著作、出版、集会及び結社の自由を有す。検閲は法律の特に定むる場合の外之を行ふことを得ず」、〈同第二一条〉「凡ての国民は信書其の他の通信の秘密を侵さるることなし。公共の安寧秩序を保持する為必要なる処分は法律の定むる所に依る」。以下、基本的人権のすべての規定に同様の法律による留保を追加。↓ＧＨＱの主張ですべての留保を撤廃。
【国会】〈ＧＨＱ案第四一条〉「国会は三百人より少なからず五百人を超えざる選挙せられたる議員よりなる単一の院を以て構成す」↓〈日本政府案第三八条〉「国会は、衆議院及び参議院の両議院でこれを構成する」↓激論のすえ日本政府案を容認。
【地方自治】〈日本政府案第八八条・挿入〉「地方公共団体の組織及び運営に関する事項は、地方自治の本旨に基づいて、法律でこれを定める」↓ＧＨＱ容認
以上みたように、主権の問題、基本的人権の問題などでは、明治憲法の精神を引継ごうとする日本政府の執拗な抵抗にあい、ＧＨＱの側は国民主権のあいまい化や二院制の存続など主要な問題でも少なからぬ譲歩をおこなったというべきでしょう。

（２）日本国憲法の国会審議

国内外の世論無視し成立急ぐ

マッカーサーは憲法改正案の成立を急いでいて、２、３週間で国会の承認をとりつけようとしていました。日本占領の基本方針を決定するために設置された米・英・中・ソなど11カ国で構成する極東委員会が体制を整え、天皇制存続を含む日本の憲法改正問題に介入してくる前に、また急速に高まりつつあった日

本国民の運動がさらに徹底した民主的憲法を求める方向に発展する前に、ＧＨＱ主導による憲法制定の既成事実を作ってしまおうとしたからです。そのため日本政府による作業も大幅に短縮され、政府の日本国憲法草案は３月４日にＧＨＱに提出されますが、その論議をふまえた日本文作成の作業もまだ終了していない３月６日には「憲法改正草案要綱」として発表されました。

財界は「天皇制・資本主義の存続の〝大きな枠〟に安堵」（『朝日』３月10日）と報じられましたが、この憲法草案を審議するはずの国会議員を選ぶ総選挙がすでに４月10日に予定されていたにもかかわらず、この総選挙の前に「要綱」だけが発表されたのです。作家の山本有三らの提案を受け容れ、文体を口語体に改めるなどの作業もあり、日本政府の「帝国憲法改正案」全文が発表されたのは総選挙後の４月17日でした。３月６日の日本政府の「要綱」発表は、米本国政府や日本の占領政策を監督する極東委員会にとってまさに〝寝耳に水〟でした。極東委員会は、３月20日、全会一致で採択したマッカーサー宛文書で、４月10日という早い時期の総選挙について、「反動的諸政党に決定的に有利となり、…日本政府は日本国民の願望を代表したものとならず、最高司令官への協力を不可能にする」と反対、憲法草案についても「日本国民が十分に考える時間がほとんどない」ことに警告を発しました。

マッカーサーはこれらを無視しました。さらに、戦後最初のメーデーでは「民主人民政権の即時確立」が決議されるなど日本国民自身による新生日本再建の動きも始まっていましたが、マッカーサーは５月19日の「食糧デモ」では「暴民デモ許さず」と装甲車とジープを出動させるなど、これらに弾圧をもって臨む姿勢をあらわにしていきます。閣僚のなかの保守的な部分も、これに同調し、憲法の審議も速やかにおこなって早期に成立させることではマッカーサーの方針と一致していました。

日本政府の「帝国憲法改正案」は、明治憲法下において「憲法の番人」とか「皇室の藩屏」とよばれていた枢密院で了承された後、6月10日に衆議院に提出されました。日本政府が当初目指していたのは8月11日に公布することでした。半年間の周知期間をおき、施行日が明治憲法と同じ神武天皇即位の日とされる2月11日となることを狙っていたのです。しかし、内外の意見があいついで国会審議が長引き、このスケジュールは実現しませんでした。それでも、なんとか天皇制と憲法との結びつきを維持するために選んだのが、戦前は明治天皇の誕生日を祝うために「明治節」と呼ばれていた11月3日を公布の日とすることでした。

実質的修正論議は秘密会で

国会に提出された憲法改正案は、本会議で審議された後、帝国憲法改正案委員会、つづいて帝国憲法改正案委員小委員会（委員長・芦田均＝通称「芦田小委員会」）に審議の場が移され、10人余の委員からなるこの小委員会が条文の修正も含めた実質的な審議の場となりました。しかし、会議は秘密会とされ、議事録も長く公開されなかったため、そこに国民の声が反映されないばかりか、後に9条解釈をめぐって重大な問題を引き起こすことにもなります（秘密議事録は80年代に入ってまずアメリカで、ついで日本で公開されました）。論議になった主な点はつぎのとおりです。

【主権と天皇制】 「ここに国民の総意が至高なものであることを宣言し」（前文）、「（天皇の地位は）日本国民至高の総意に基く」（第一条）と、国民主権の明記を避けた政府案は、すでに枢密院審議の段階で、「英文では、主権在民がはっきりしている。日本文がぼかされているのは苦心の結果であろうがポツダム宣言を受諾した以上は、これに従うほかはない。主権はピープルにあるということをもっとはっきりさせてはどうか。それでなければ、この憲法は読めない」（野村吉三郎顧問官）と批判の対象となっていました。しかし、当時法制局次長だった佐藤達夫は、「このソバレン・ウィルは、直訳すれば、主権意思ということであろうが、当時の国体擁護の気分からいっても、あまり人民主権を露骨に出すことは望ましくない」と考えていた当時の政府の姿勢を紹介しています（憲法調査会『憲法制定の経過に関する小委員会報告書』61年）。

当然、国会では主権在民の憲法草案を発表していた共産党が、このあいまいな言葉を厳しく追及しました。また、都内街頭売りの『民報』なども和・英両文を示し、「主権在民の思想は、英訳に関する限りすこぶる明確である。しかし日本原文の方は、何故か、すくなからず明確を欠き、直接、主権所在の問題と関係なきが如き感を与える」と批判しました。

こうしたなか、極東委員会は7月2日、「日本の新憲法に対する基本原則」と題する指令を決定、「日本国憲法は、主権が国民に存することを認めるべきである」としました。マッカーサーは、これによって日本政府の立場が悪くなることを危惧し、「この指令が現在公表されることは、決定的ではないとしても、深刻な誤りを犯す」として指令の公表を抑えるとともに、日本政府にケーディスを送りひそかにその趣旨を伝えました。

これを受け、小委員会では芦田委員長が、「第一章については第一条で一言申し上げたいと思います。これは公に話してよいかどうかわからないが、事実はこうです。つまり、関係当局が第一条に、主権は国民に存するとの意味の言葉を挿入するように提案しているのです。このことは前文に既に明言されているわけですから。ですから、第一条にそういう言葉を挿入するのが適当であるとするのなら、法制局はこれをどんな形で挿入するか研究せねばなりません」（憲法問題小委員会第3回議事録 46年7月27日）とこれを受け容れるのはやむを得ない旨の発言をしています。結局、政府案は憲法改正小委員会において自由党と進歩党の共同提案の形で、前文と第一条の「国民の至高の総意」を、「主権の存する日本国民の総意」と改めることが提起され、了承されました。

【第九条】 小委員会の審議を通じ、第九条一項の冒頭に、「日本国民は、正義と秩序を基調とする国際平和を誠実に希求し」を、二項の冒頭に、「前項の目的を達するため」の句を追加する修正が、小委員会の委員長を務めた芦田均の提案によっておこなわれました。この第二項の修正について芦田は後に、これは第二項で禁止する戦力は第一項の「国際紛争を解決する手段」に限定するためで、これによって「侵略戦争を行うための武力はこれを保持しない。しかし自衛権の行使は別であると解釈する余地を残したいとの念慮からでたものであった」と言い出しました（『東京新聞』56年3月31日、芦田均「憲法はこうして生まれた・下」）。

しかし、これはペテンです。実は長く公開されることのなかったこの時の秘密議事録のなかで芦田が述べている修正理由は次のとおりです。

「『国際平和を希求し』という言葉を両方の文節に書くべきなのですが、そのような繰り返しを避けるために『前項の目的を達するため』という言葉を書くことになります。つまり両方の文節でも日本国民の世界平和に貢献したいという願望を表すものとして意図されているのです」（憲法改正小委員会第7回議事録46年8月1日）。

この修正について、ホイットニーのもとでGHQ草案の起草にあたったラウェルは、大森実とのインタビューで、「私が最初に〝第九条〟を起草したときには、自衛権など全く考えもしなかった」と言い、芦田修正についても、日本の憲法は日本の国会が書くのだという見地から上司に相談なしに了承を与えたと語っています（『週刊現代』75年11月13日号）。もちろん国会は、芦田が後に述べたような解釈を可能とすることまで了解して修正案を可決したわけではありません。

【社会権】 日本政府はＧＨＱ草案の社会保障、教育を受ける権利、労働条件などの社会権規定を、社会福祉（第二三条）、教育を受ける権利（第二四条）、働く権利（第二五条）に分けて国会に提出しました。しかし、衆議院の審議のなかで社会党が、「すべて国民は健康にして文化的水準の生活を営む権利を有する」との規定を追加するよう提案し、「自由党・進歩党の委員のなかからも社会党案の方向に賛成の表明があり」、結局現行の二五条、二六条、二七条にすることでおちついたといいます（佐藤達夫『日本国憲法成立史・二』）。

ちなみに社会党の提案は、憲法研究会要綱の「国民は健康にして文化的水準の生活を営む権利を有す」をそのまま取り入れたものです。もともとアメリカの合衆国憲法には社会権規定はありません。ＧＨＱが広範に社会権規定をとりいれていたのも、この憲法研究会の要綱に注目していたからにほかなりません。

【その他】 この他にも、「国及び公共団体の賠償責任」（第一七条）、「納税の義務」（第三十条）、「憲法の最高法規性」（第九十八条）が追加されるなど、国会の審議をつうじて43ヵ所の修正がおこなわれました。

日本国憲法制定にはたらいた４つの力

以上の経過をみても、日本国憲法はアメリカが一方的におしつけた憲法という非難はあたりません。具体的には、この憲法の制定には４つの力がはたらいていたといえます。

そのことをもっとも典型的に示しているのが国民主権の原則が明記されたことです。そこには、①国民主権を提起しながら日本政府に妥協したＧＨＱ、②ＧＨＱ案を改ざんし国民主権のあいまい化をはかった日本の支配層、③国民主権を主張した日本国民、④国民主権実現の後押しをした極東委員会などの国際世論―という4つの力がはたらいています。もちろんその背後には、明治いらいの自由と民主主義を求めるたたかいの伝統があり、さらには近代憲法いらいたゆみなくつづけられてきた自由と人権、民主主義と平和をめざす世界人類の永年にわたるたたかいがあることは言うまでもありません。

憲法がどのような経過を経て生まれ、どのような運命をたどるかは、その時々のさまざまな勢力の力関係によって決まります。たしかに他国の占領下で憲法が制定されることは異常なことに違いありません。しかし、「占領の内容が問題になるのは、占領解除後、主権を回復した国家が、占領中につくられた法令をどう処理するかという問題に直面したときである。憲法制定権力をもつ国民が、占領中にできた『憲法』をまったく支持しなかったか、あるいは支持してこれを自分たちのものとしてきたかが、占領後の憲法的処理の有力な基準となる。ナチの占領法令はもちろん、ナチと協力したヴィシー政権の一切が、解放後ただちに無効とされたのは、占領中を通じて、多数の国民の支持をうる余地のない、売国的・ファッショ的なものであったからである」(長谷川正安『昭和憲法史』)

しかし日本の場合には、主権回復後ただちに公然化した改憲の動きが、国民の反対によって70年にわたって阻止されつづけてきたことにみられるように、国民はこの憲法を支持し「自分たちのものとしてきた」のです。同時に、日本の場合には、アメリカによる事実上の単独占領時代にも戦前からの支配層がそのまま支配の座に座り続け、占領終了後もアメリカによって保護・育成されてきた結果、日本国憲法が今日まで全面的に花開くことのないままにきたことも否定できません。

三、占領下における日本国憲法の苦闘

日本国憲法は1946年11月3日公布され、半年後の47年5月3日施行されました。この間にも生活と権利を守る国民の運動は発展しつづけていました。47年2月1日には、賃上げや首切り反対を要求し、こうした運動への参加者を「生産阻害」の「不逞の輩」と敵視した吉田内閣の打倒を掲げたゼネストが計画され、日本労働総同盟、社会党左派、日本共産党によってこれを成功させるための共闘組織もつくられました。しかし、その前日の1月31日、GHQは「窮乏にあえぎ衰弱した日本の実情においてかくも恐るべき社会的武器の行使を許さない」との声明を発表、早くも日本国民自身による民主化運動の弾圧にのりだしました。日本の民主化は、あくまでもアメリカの占領政策に支障をきたさない範囲においてしか許容しない姿勢を公然と示したのです。

（1）新憲法にもとづく中立政策の構想と国内体制づくり

当初は憲法の普及に熱意示した政府・占領軍

日本国憲法施行直後の47年8月、文部省は中学1年の社会科教科書として、『あたらしい憲法のはなし』を発行しました。

「六　戦争の放棄　みなさんの中には、こんどの戦争に、おとうさんやにいさんを送りだされた人も多いでしょう。ごぶじにおかえりになったでしょうか。それともとうとうおかえりにならなかったでしょうか。また、くうしゅうで家やうちの人をなくされた人も多いでしょう。いまやっと戦争はおわりました。二度とこんなおそろしい、かなしい思いをしたくないと思いませんか。（中略）そこでこんどの憲法では、日本の国が、けっして二度と戦争をしないように二つのことをきめました。そのひとつは、兵隊も軍隊も飛行機も、およそ戦争をするためのものは、いっさいもたないということです。これからさき日本には、陸軍も海軍も空軍もないのです。しかしみなさんは、けっして心ぼそく思うことはありません。日本は正しいことを、ほかの国よりさきに行ったのです。世の中に、正しいことぐらい強いものはありません。」

新憲法の普及は社会教育の分野でも重視されました。宮崎県で社会教育課長をしていた上野裕久（後に岡山大学教授・憲法学）は、当時のもようをつぎのように振り返っています（『月刊憲法運動』72年5月・創刊号）

「日本国憲法が公布されると、国会を中心に、芦田均を会長として憲法普及会が作られ、各都道府県にはその支部が作られることになった。憲法普及会宮崎県支部は県知事を支部長、弁護士会長を副支部長、社会教育課長を事務長とし、3、4名の専任者をおいて22年（1947年）1月17日に発足したが、社会教育課の課員の多くがその兼務となり、5月の施行までに新憲法を県民に徹底させるべく、大車輪の活動をすることになった。…当時占領軍は憲法普及に並々ならぬ熱意を見せ、私達はたえず尻をひっぱたかれた。…

私達は精いっぱい憲法普及活動をやっていたのであるが、ある日民政部から呼び出された。部屋に入ると教育係将校が不機嫌な顔をしている。何かまずいことがあったかなと思いながら対座すると、『あなたは県下全町村を廻って憲法普及事業をやって来たと報告したが、私が昨日ジープに乗って田舎に行き、道端で農作業している百姓に『憲法を知っているか』と尋ねたら、『そんなものは知らない』と答えた。あなたの憲法普及活動はまだ不十分だ』と叱られた。…

教育係将校は『憲法の全文を印刷して県内全家庭に配ったらどうか』と私に言った。私も前からそうしたいと思っていたが、当時は非常な紙不足で、新聞もようやく2頁のタブロイド版を出している状態であった。私が、『そうしたいのだが紙がない』と答えると、『トイレットペーパーを使ったらどうか』という。私はこの言葉を聞いてくやし涙が出た。進駐して来た米軍は立派な家を接収し、洋式に改造させて住い、食物は本国からの持込みで不自由なく、トイレットペーパーも真白なものを使っていた。これに反して戦争に負けたわれわれ日本人は爆撃の震動で傾いた家に数家族が住み、甘藷のつるや雑草を粉にして作ったパンで飢えをしのいでいた。真白い塵紙など一般国民はお目にかかることなく古雑誌で用を足していた」

憲法にもとづく国内体制の整備

占領下という制約はあったものの、天皇主権の明治憲法体制から国民主権の日本国憲法体制への移行は、あらゆる面で日本社会の大転換をもたらすこととなりました。

なかでも、教育改革はとりわけ重要な意義をもっていました。敗戦の時点において文部省は、依然として「国体護持の一念に徹し」た教育をおこなうよう指示していました。しかしGHQは相次いで、「日本教育制度に対する管理政策」(45年10月22日)、「神道の国家からの分離」(同12月25日)、「修身、日本歴史及び地理停止」(同12月31日)についての指令を発し、翌46年3月には米国教育使節団が来日、日本側の教育家委員会(南原繁委員長)の協力のもと、日本の教育のあり方について調査・検討を行いました。教育家委員会はその後教育刷新会議に改組されて教育改革を進める役割を担い、日本国憲法の施行を目前にした47年3月、「日本国憲法の精神に則り、教育の目的を明示して、新しい日本の教育の基本を確立する」

ことを目的とする教育基本法が公布されました。戦前、教育のイデオロギー的支柱とされていた教育勅語は、48年6月、衆議院の「教育勅語等排除に関する決議」、参議院の「教育勅語などの失効確認に関する決議」を受け廃止されました。

戦前の厳格な中央集権体制をうちやぶって地方自治を実現することには旧内務省官僚の強い抵抗がありました。GHQはこれを排除して46年9月の改革では、東京都長官・北海道長官・府県知事の公選制を採用させ、東京都の区に自主立法権・自主財政権を認め、国の監督権を限定しました。さらに日本国憲法施行直前の47年4月17日に施行された地方自治法では、地方公共団体またはその機関に対して新たに事務の委任を行うには法律または政令によること、国の一般的監督権を排除し強制予算および代執行制度を廃止すること、などがもりこまれました。

そして戦前は知事を任命する権限をもち、中央集権的な警察を掌握していた内務省は解体され、地方自治委員会・公安庁などに分権化されました。このもとで47年12月公布の警察法では、国家地方警察のほか人口5千人以上の市町村に自治体警察とその管理運営のための公安委員会を設置することとなりました。男尊女卑の家父長的制度を基本とした明治憲法下の民法が、「個人の尊厳と両性の本質的平等」を明記した日本国憲法24条の家族制度の規定と相容れないことは明白でした。そのため民法改正の作業は日本国憲法の審議と並行しておこなわれ、憲法施行直後の47年7月、法案が国会に提出され同12月に公布されました。また不敬罪を廃止するなど天皇特権の一部を否定し、男女平等実現のために妻だけに適用される姦通罪を廃止する刑法の改正もおこなわれました。

9条にもとづく外交の模索

やがて連合国とのあいだで平和条約が結ばれ、日本が主権を回復する日がくることに備え、1945年11月、外務省に平和条約問題研究幹事会（幹事長は条約局長）が設置され、対外政策の検討を開始しました。当時、条約局長だった西村熊雄は、「(平和条約には）日本は将来、旧連合国のいずれかの国を目標とする同盟もしてはならないという条項がおかれ、結果的に日本は中立という性格を持たされる。これが必至でありましたから、日本の安全保障という問題は、まったく考える必要もなく、また検討すること」もなかったと述べています（西村熊雄『サンフランシスコ平和条約』）。

西村が、連合国の対日講和の条件が厳しい内容になると予想したのは決して思い過ごしではありません。日本の国会で憲法論議が始まった46年6月、米英ソ中の4カ国は対日平和条約についての論議を開始していました。それは、平和条約締結後も日本の軍備を禁止し、その実施状況を25年間監視し続けるというものでした。日本の侵略を受けた国々の日本軍国主義復活に対する警戒感はそれだけ大きかったのです。

したがって、幹事会における論議の焦点となったのは、平和条約締結によって連合国による占領が解除されて占領軍が撤退したあと、日本は非武装のまま中立の道を選ぶ以外にないとの前提にたって、それをどのように諸外国に保障させるかということでした。その結果、46年5月にまとめられた「第一次研究報告」の「平和条約の内容に関する原則的方針」で打ち出されたのは、「日本の領土的安全保障を確保する為極東委員会の構成員たる諸国政府に依る地域的集団安全保障体制を設定せられるへきこと」と、「完全非武装解除後に於いて日本の治安を維持する為に必要なる武装警官隊ないし国内〔不明〕安隊の保有を承認せらるへきこと」というものでした。

なお、「武装警官隊」については、「国内治安維持に必要なる警察機関の存置、及びある程度の充実」をめざすものであるとわざわざことわり、「連合国をして再軍備の口実なりと誤解せられざる要あり」と神経を使っています。もちろん、後に警察予備隊の名で再軍備の道に踏み出すことをこの時点で予想していたとは思えません。それは、日本政府の憲法原案が公表された後の幹事会の次のような構想でも明らかです。

【戦争放棄】 日本のみならず対日平和条約調印国は、人類永遠の平和のために日本と同様に国家の政策の手段としての戦争を放棄する規定を国内法に置くよう強く主張する。

【永世中立国化の提唱及安全保障機構】 日本は国際法上の永世中立国となり、極東委員会構成員たる各国に依る安全保障機構（世界の何れかの国に依る日本侵略は締約国全部に対する侵犯行為として直に共同で日本を防護すべきことを約束する）の設定方を計る。

占領下にあった当時の政府には国連についての認識はうすく、占領管理機構である極東委員会構成国を念頭においているという面はありますが、軍備を持たない日本が主権を維持するには徹底した外交の努力が必要との考えに立っていたことはまちがいありません。

（2）占領政策の180度転換と違憲の国内体制づくり

開始された9条改憲の動き

日本国憲法を、そのまま日本の政治と社会に生かしていこうとするGHQや日本政府の姿勢は、長くは続きませんでした。米ソの冷戦が本格化するや、47年3月、トルーマン米大統領は「どこに侵略がおきても、直接・間接を問わず平和が脅かされる場合には、アメリカの国防にかかわるとみなす」と、対ソ封じ込めを内容とするトルーマン・ドクトリンを発表、これをうけたロイヤル陸軍長官は、日本が「今後極東に起こるかもしれない新しい全体主義の脅威に対し防壁の役割」を果たす必要があるとの考えを表明しました(48年1月)。そして、米初代国防長官フォレスタルはロイヤル陸軍長官に対し、日本とドイツの限定的再軍備を研究するよう覚書を送り、その作業が開始されます。日本国憲法施行からわずか1年たらずのことです。

「限定的再軍備計画」は1948年5月に完成し、まず国防省、ついで国務省の承認を得ました。その主な内容はつぎのとおりです。

5　日本をひきつづき米国の側に置き、戦略的な位置にある日本を米国が支配することは、極東における共産主義の膨張に対抗し、必要とあらば、われわれの現在の戦争計画を達成するためにも欠かすことはできない。

11　計画はいまや日本の限定的軍備の最終的設立のために連合国による占領の終了もしくは実質的日本の主権回復に向けて準備されるべきである。日本の限定的軍備は米国によって主として組織・訓練され、厳重にコントロールされるべきであり、国内の安全を維持し、外部からの侵略に対する地域的防衛行動に従事し、国威の再興に貢献するという目的のために存在すべきである。

12 いまや将来の日本軍を容認する立場で、新憲法の改正を達成するための調査が行われるべきである。

そしてこの年の10月、アメリカは従来の「民主化政策の行き過ぎ」をチェックし、戦犯の公職追放の解除、再軍備（政府部内の反対で、表現は「警察力の強化」）、集中排除法の大幅緩和による「経済安定」、対日講和など20項目にわたる対日政策の基本を決めます（「国家安全保障会議文書13／2」）。

占領軍命令で警察予備隊

こうしたアメリカの占領政策の大転換を、日本側はどううけとめていたでしょうか。西村熊雄はつぎのように書いています。

「ポツダム宣言、降伏文書、極東委員会の対日処理の根本をご破算にして、日本を自らの安全保障体制の中に組み入れる、要するに共産圏諸国を除外する、他の連合国だけで日本に独立を復活させて、軍備制限条項をおかないで再武装させ、また経済的に強大に一日も早くならし、そうして平和条約締結と同時に米英陣営の一環に取り入れようという１８０度の転換がありました」（西村『日本の安全保障』）

こうして先の国家安全保障会議の決定はつぎつぎと実行にうつされていきます。まず東条内閣の閣僚をつとめたことからA級戦犯の被疑者として収監されていた岸信介らの追放を解除する一方で、共産党員をはじめ進歩的な人びとを職場から排除するレッドパージが拡大していきました。戦後のドイツでは、連合国による戦犯追及の裁判の後も、政府当局による戦争の責任追及が今日にいたるまで行われていますが、日本の場合には戦犯や追放該当者が51年頃から大手を振って政界の主要ポストに復帰しました。同時にGHQは公安条例、公務員のスト権はく奪、団体等規正令等々、ポツダム宣言や施行されたばかりの日本国憲法とはまったく相容れないさまざまな指令をつぎつぎと発し、日本政府はこれをあらゆる国内法に優先する「ポツダム政令」として忠実に実行に移しました。

そして50年6月、朝鮮戦争がぼっ発。マッカーサーはただちに吉田首相に書簡を送り、国家警察予備隊7万5千人の創設と海上保安庁の8千人増員を指示、吉田首相は8月、警察予備隊令を施行し、これに応じます。その直前まで「無軍備こそ安全幸福の保障」（吉田首相・衆院本会議）、「憲法は自衛戦争も放棄」（西村熊雄条約局長・同外務委、いずれも49年11月9日）と答弁していた吉田内閣は、この豹変を、「警察予備隊の目的は全く治安維持にある。それが国連加入の条件であるとか、再軍備の目的であるとかはすべて当たらない。日本の治安をいかにして維持するかというところにその目的があるのであり、従ってそれは軍隊ではない」（50年7月30日、参院本会議）という答弁で押し切りました。

しかし、警察予備隊を編成し、装備・訓練にあたった在日米軍顧問団のコワルスキー大佐は、「アメリカおよび私も、個人として参加する『時代の大うそ』が始まろうとしている。これは、日本の憲法は文面どおりの意味をもっていない、と世界中に宣言する大うそ、兵隊も小火器・戦車・火砲・ロケットや航空機も戦力でない、という大うそである」（コワルスキー『日本再軍備』）と、それが日本再軍備の始まりであることを明言しています。

アメリカは同時に、対日援助に見合う金額を積み立て、ＧＨＱの監督のもとに経済安定・再建等に投資し、日本独占資本をその目下の同盟者として復活させるテコとしました。さらにＧＨＱは、当時は金に裏打ちされていたドルを1ドル＝３６０円に設定、日本経済をドル支配体制に組み込みました。

始まった「講和」への動き

アメリカ政府部内では、日本を国際社会に復帰させる時期について意見の違いがありました。米ソ冷戦の激化と中国革命の進展によって日本のアジアにおける軍事的・政治的重要性が飛躍的に増大したことについての考えは共通していたものの、国務省は日本にアメリカの外交戦略を支える役割を果たさせるために早期の「講和」を主張し、統合参謀本部は占領軍の撤退につながる日本の主権回復がソ連の極東進出を誘発することを恐れて「講和」の先送りを主張していたのです。

しかしトルーマン大統領の国務省顧問に任命されたダレスは「講和」への動きをすすめ、50年6月までにまとめた対日「講和」第1次案では、「長期的目的として、日本を平和的・親米的・反共的国家として育成する」、としながらも、「占領軍は段階的に撤退し、ただちに最高司令官の監視下に警察隊を設置する」とし、さらにソ連を含む極東委員会加盟国による「講和」に向けた予備会議を構想していました。

日本国内でも、「講和」のあり方をめぐっては大きな意見の対立がありました。第2次大戦における連合国の中の「西側」諸国だけとの「単独講和」をめざす政府の動きに反対し、連合国全体を対象とすべきとの「全面講和」の世論が高まっていたのです。安倍能成、大内兵衛、中野好夫、都留重人らでつくる「平和問題懇談会」は50年1月声明を発表、「単独講和」は「日本の経済的自立」を達成しえないばかりか、「特定国家との軍事協定、特定国家のための軍事基地の提供」につながるものであり、「たとえ名目は講和であっても、実質はかえって、新たに戦争の危機を増大する」と指摘しました。

「全面講和」論をとなえるこれら学者・文化人を「曲学阿世の徒」と罵倒していた吉田首相は50年4月、池田勇人蔵相を訪米させました。「日本政府はできるだけ早い機会に講和条約を結ぶことを希望する。そして、このような条約ができても、おそらくは、それ以後の日本及びアジア地域の安全を保障するために、アメリカの軍隊を日本に駐留させる必要があるだろうが、もしアメリカ側からそのような希望を申し出にくいならば、日本側からそれをオファ〔提案〕するようなもちだし方を研究してもよろしい」と、「講和」

後も米軍の駐留を認めると言わせたのです（宮沢喜一『東京―ワシントン密談』）。

ところが池田の帰国直後、吉田は「私は軍事基地は貸したくないと考えております」「単独講和の餌に軍事基地を提供していいというようなことは毛頭ございません」（50年7月29日、参院外務委）と言い出しました。マッカーサーがしばしば吉田にたいし、沖縄をアジアに向けた要塞として確保しておくかぎり、日本本土に基地や軍隊を置く必要はなく、日本の「非武装中立」を国際社会の承認によって保障すれば、米ソ両国の利益になる、と語っていたからです。

しかし朝鮮戦争の勃発は、こうした動きに大きな転換をもたらしました。吉田首相は朝鮮戦争勃発直後に開かれた第8臨時国会の施政方針演説（50年7月14日）では、「かかる事態に直面してなお、いわゆる全面講和とか永世中立などという議論があるが、たとえ真の愛国心から出たものであっても、これは現実から遊離した言論」と「単独講和」への姿勢を明確にうちだしました。

またアメリカもダレスも、10月初めまでにまとめた対日講和7条件では、「講和後、日本が軍隊をもつにいたるまでは、日本地区の国際的平和と安全の維持は、日本と米国、および、おそらくその他の諸国を加えた双方の責務とする」（11月24日「朝日」）と日本の再軍備と米軍駐留をうちだすとともに、ソ連を含めた予備会議の項目は姿を消して明確に単独講和の方針を打ち出します。

軽視できない役割を果たしたのが天皇裕仁です。彼は50年8月、文書メッセージをダレスに送って、次のように述べています（豊下楢彦『安保条約の成立』）。

「(戦争協力者の追放が解除され）現在は沈黙しているが、もし公に意見表明されるならば、大衆の心にきわめて深い影響を及ぼす多くの人びとがいる。かりにこれらの人びとが、彼らの考えを公に表明する立場にいるならば、基地問題をめぐる最近の誤った論争も、日本の側からの自発的なオファによって避けることができたであろう」

自ら「臣・吉田茂」と称していた吉田にとって、天皇のこうした動きがその姿勢転換の重要な要素の一つになったことは想像に難くありません。

翌年1月、来日したダレスは、経済界のトップや政府首脳らと精力的に会談し、離日の際には、つぎのようなメッセージを発します。「講和条約が発効した場合に、日本が全然非武装で自己防衛も不可能な状態のまま、軍事的真空の中に放置されることにならないように、(米軍駐留を)受諾しようというのが、日本国民の圧倒的な希望である」

こうして基地撤去を望んでいた95%の意思は無視され、アメリカが望む日本のどこにでも米軍基地をおくことができる52年安保条約への道が開かれました。

(3) 戦後日本の針路を方向づけたサンフランシスコ「講和」

「日本国との平和条約」の調印式は1951年9月8日、サンフランシスコのオペラハウスでおこなわれ、日本を含む49カ国が調印しました。文字どおり「調印式」であって提案された条約案の修正は認めないとされたため、各国の演説を中心とした条約署名のためのセレモニーとなりました。そのため、アメリカ等の予想に反してソ連、チェコ、ポーランドも出席しましたが「平和条約」の調印は拒否、インド、ビルマ、ユーゴは「西側」だけを対象とした講和に抗議し、会議そのものを欠席しました。日本の侵略による最大の被害国であった中国からは中華民国と中華人民共和国の双方から出席の申し出がありましたが、結局は双方とも招請されませんでした。

そして同日夜、日米安保条約の調印式がおこなわれました。しかし、条約の内容は、事前に日本国民には知らされず、国会の審議もありませんでした。しかも調印式の日程が知らされたのは前日の夜であり、会場はサンフランシスコの第6兵団司令部でした。あまりにも日本を見下した態度に、代表団のなかからは、せめて場所か日をずらしてという声も出ましたが、吉田はアメリカの申し入れを受け入れます。そのため、日本の全権代表団で参加したのは6人のうち4人にとどまり、条約に署名したのは吉田だけとなりました。

日本の主権を制限した「平和条約」

この日調印された「平和条約」は、連合国のすべての占領軍は、「この条約の効力発生後なるべくすみやかに、且つ、いかなる場合にもその後90日以内に、日本国から撤退しなければならない」としつつも、「但し、この規定は、1又は2以上の連合国を一方とし、日本国を他方として双方の間に締結された若しくは締結される2国間若しくは多数国間の協定に基づく、又はその結果としての外国軍隊の日本国の領域における駐とん又は駐留を妨げるものではない」(第6条)としています。つまり、この「平和条約」は、米軍がそのまま駐留しつづけることを認める日米安保条約とセットで締結されたものだったのです。

さらに「平和条約」には、千島列島にたいする「すべての権利・権限及び請求権を放棄」し(第2条c)、沖縄・小笠原については「合衆国を唯一の施政権者とする信託統治制度のもとにおく」とする国連へのアメリカの提案に同意する（第3条）とされ、ポツダム宣言で明記された領土不拡大の原則に明白に反する内容が含まれています。

実はサンフランシスコの会議において吉田首相は、「千島列島及び南樺太《からふと》については、過日ソ連代表は、これをあたかも日本が侵略によって略取したかの如き発言をされた。しかし事実は、日本の南樺太領有は帝政ロシアといえども争わなかったところであり、北千島は日露両国間の外交交渉の結果1875年の条約によって南樺太と交換されたものである」と事実の経過を正確に述べています。しかし、1945年2月のヤルタ会談で、アメリカのルーズベルト大統領がソ連のスターリンに、対日参戦の見返りとして「千島を引き渡す」と密約していたため、アメリカとしては「平和条約」にこのことをもりこまざるを得なかったのです。にもかかわらず日本政府が「平和条約」に調印したことは、この米ソの密約を追認したことになります。後になって南千島の国後、択捉は千島列島にあたらないと言い出し、北海道の一部である歯舞、色丹とあわせて「北方領土返還」を主張し出したのはこの事実から目をそらす姑息な態度といわざるをえません。

沖縄については、アメリカは国連の信託統治下に置くという手続きすらとらず、軍事占領下におく状態を継続しました。

従属的基地貸与条約としての52年安保

そしてこの時に締結された日米安保条約（日本国とアメリカ合衆国との間の安全保障条約）の核心は、「アメリカ合衆国の陸軍、空軍及び海軍を日本国内及びその附近に配備する権利を、日本国は許与し、アメリカ合衆国は、これを受諾する」との規定にあります。しかもこの軍隊は、「極東における国際の平和と安全の維持に寄与」するのが目的であって、日本側が期待した「外部からの武力攻撃に対する日本国の安全」に関しては「使用することができる」というにすぎません（第1条）。まさに「基地貸与条約」にほかなりません。

しかも、「配備を規律する条件は、両政府間の行政協定で決定する」（第3条）とされ、国会審議の対象からはずされました。さらに前文には、日本が「自国の防衛のため漸増的に自らの責任を負うことに期待」するとの文言も書き込まれました。

条約締結の交渉に参加した西村熊雄は、「日本からすれば一読不快の念を禁じえない性格のもの」（西村『サンフランシスコ平和条約』）と、そのあまりにも従属的性格に反発を隠しません。「日本の交渉者は失望した。前文なりとも条約のどこかに日本に対する武力攻撃がある場合、両国が憲章の規定に従って日本防衛のために協力する関係に立つことに言及するよう努力した」が、「現在の日本は自衛の手段をもたない」ことを理由に、アメリカは譲らなかったというのです。アメリカは1948年6月のバンデンバーグ上院決議によって一方的に他国に義務を負う軍事援助はしないことになっており、日本には米軍を守る体制がないのだから「日米間に集団的自衛取極めを締結する資格はない、なるべく早く資格のある国になってもらいたい」というのがその理由だったと言います（西村『サンフランシスコ条約・日米安保条約』）。

さらに問題は、米軍が「極東における国際の平和と安全の維持に寄与」するために日本に駐留するということです。国際法学者の高野雄一は、この規定は、「他に例を見ないもので国際法上、国連憲章上、容易に説明しがたい難物」（『教養国際法』）と言い、国際法からみれば、「在日アメリカ軍の行動は、それを可能とする日本の協力とともに、国際連合の決議による場合の外は、それぞれ自衛を基礎としての範囲でおこなわれるものでなくてはならない。それ以外の行動が在日アメリカ軍によっておこなわれるならば、それはアメリカはもとより、その行動を可能にしている日本も国連憲章に違反することになる」と指摘します（高野『集団安保と自衛権』）。それは「何々組何々組というのが警察を無視して町の治安はおれがみるんだという体制」であり、「国連の平和の思想、哲学にたいする挑戦にほかならない」、と説明しています（高野『月刊社会党』71年11月号）。しかも、そうした基地を置く地域に限定があるわけではなく、米軍が必要とする場所に、必要とする広さの基地がおける全土基地方式とよばれる仕組みになっています。

アメリカは、日本の基地を使って、「極東における将来必要となるであろう軍事行動」、すなわち「中国本土（満州を含む）、台湾、ソ連、そして公海を含む極東での軍事作戦における米国（国連の後援のもとにない）による一方的行動」を可能にしたのです（豊下楢彦『集団的自衛権とは何か』）。

日本支配層をアメリカの従属下に

「日本との平和条約」は、アメリカの冷戦政策の進行と朝鮮戦争がなお続いている中で（休戦協定締結は53年7月）、まったくのアメリカ主導で締結されたものです。そのため、第2次大戦で同じファッショ陣営の側にたったイタリアやドイツと連合国が結んだ講和条約とは全く異なる「寛大」なものとなり、その後の日本政治の枠組みに決定的ともいえる大きな影響を及ぼすものとなりました。

まず第1に、連合国にとって第2次大戦が「反ファシズム」戦争としてたたかわれたにもかかわらず、日本の戦争責任についての言及は、極東軍事裁判の判決を受け容れるとの規定（第11条）のみにとどまったことです。たとえばイタリアと連合国との講和条約（47年2月10日）は、「ファシスト体制のもとでのイタリアは、ドイツ、日本との3カ国条約の当事者となり、侵略戦争を企図し、それによってすべての連合国と戦争状態を引き起こしたのであって、戦争に対する責任の一端を担っている」と侵略戦争に責任を負っていることが明確に指摘されています。

第2に、イタリアの場合はこの規定に従って原爆等の保有の禁止、陸軍を最大1万8千人とするなどの軍備制限条項がおかれ、ソ連、アルバニアなどへの賠償金が課されました。しかし、日本の場合には前述のように軍備制限条項はなく、また被侵略国による賠償請求権もアメリカの説得によって放棄させられました。

こうしたアメリカの政策は、日本の戦略的位置と発達した工業力を重視し、日本支配層を目下の同盟者として育成する政策をとった結果にほかなりません。それは日本の占領統治を、戦前からの支配層をほとんどそのまま引き継いだ間接統治方式とした占領当初から、朝鮮戦争時の特需による大企業の復活・育成や、レッドパージの推進と戦争協力者の追放解除などとなって系統的に推進されたといえます。日本の支配層がいまもって侵略戦争にたいするまともな反省も示さず、また、まれに見る対米従属の体質を維持しつづけているのもそのためです。

四、日本国憲法と安保条約の矛盾の激化

（1）新たな矛盾への出発

1952年4月28日、「日本国との平和条約」が発効しました。しかし「敗戦後6年半にわたる占領に終止符がうたれ、本来ならば独立の喜びにわいてよいはずのこの日、日本の表情は意外に静かであり、陰うつであった」（小学館『昭和の歴史』第9巻）といいます。

沖縄、小笠原は引き続きアメリカの軍事占領下におかれ、本土でもそれまでの占領軍が安保条約にもとづく駐留軍と名前を変えただけでそのまま居座りつづけ、米軍に提供された基地や施設は無期限使用が300ヵ所、一時使用が312ヵ所、機密に属するとして正体が明らかにされないまま提供された施設が100ヵ所にのぼりました。新聞は、「かつての租借地などというものはまだなまやさしかったように思われる。…日本という国全体が基地化されているといっても過言ではない」（「朝日」52年7月22日）と書いています。

また占領下において米占領軍の指示によって強行された公務員のスト権はく奪、団体等規正令（後に破壊活動防止法）、公安条例など違憲の法令が、占領解除後も国内法として引き継がれました。

「平和条約」発効は、日本国憲法を真の意味で「最高法規」の座につけたとは言えず、アメリカおよびその庇護のもとに戦後も支配の座に座りつづけた日本支配層と、日本国憲法にもとづく平和と民主主義の日本をめざす国民との新たなせめぎ合いの始まりでした。

「占領政策の行き過ぎ是正」と「逆コース」

平和条約発効前後から、「逆コース」という言葉が流行しました。51年11月2日から、「読売新聞」がこのタイトルで政治・社会・風俗などの面における戦前・戦中への復古調の強まりを皮肉った連載をおこなったのがきっかけといわれます。政治の面では、53年の教育公務員の政治活動を禁止する教育2法改悪や、国家地方警察と市町村自治体警察の2本立てになっていた警察行政を都道府県警察に一本化してその中央集権化をはかった警察法改悪などが、そうした流れにたつものでした。

しかし最大の「逆コース」というべきものは憲法改悪の動きです。

「政府は占領政策の行き過ぎは訂正するといっているが、それにはまず憲法改正からはじめるべきではないか」（52・12・5衆議院予算委、自由党・北昤吉議員）などと、憲法改悪への動きが一気に強められたのです。53年2月には自治庁が「憲法改正国民投票法案」を作成、同年12月には内閣法制局が憲法改正の問題点に関する資料をまとめあげています。

そして54年に入ると、当時の保守党が競って改憲構想を発表します。それらは憲法第9条の改悪を中心にすえながらも、『「皇位』が民族の統合と伝統の象徴」であることを明記する（改進党「現行憲法の問題点の概要）とか、「子の親にたいする孝養の義務」を規定する（自由党「日本国憲法改正案要綱」）など、きわめて復古色の濃いものでした。54年12月には、第1声が「占領政策是正の第一が憲法の改正」という鳩山一郎内閣が発足します。

財界とアメリカが、当時分裂状態にあった保守党の合同を強く求めた大きな目的の一つは、こうした憲法改悪を現実のものとすることにありました。そしてようやく55年11月、保守合同が実現し、「現行憲法の自主的改正をはかり、また占領諸法制を再検討し、国情に即してこれが改廃を行う」ことを「党の政綱」に掲げる自由民主党が発足しました。

急速に推進された軍備増強

朝鮮戦争によって日本がその世界戦略にとって重要な位置を占めていることを再認識させられたアメリカは、51年12月、日本が憲法を改悪して再軍備することを前提に、日本に軍事援助をおこなって10個師団30万人の軍隊をもたせる計画を米統合参謀本部がまとめ、翌年、国家安全保障会議の正式決定にします。それを承知してか吉田首相は52年10月、警察予備隊から保安隊への改組にあたって、「諸君は新国軍ができた場合は、その土台となる」と訓示しました。

こうして53年10月、「自国の自衛力及び自由世界の防衛力の増進と維持のために…全面的寄与を行う」義務を負うことと引き換えに、日本がアメリカから戦闘機やミサイルの提供などの援助を受ける日米相互防衛援助協定（ＭＳＡ）の交渉が開始されました。この協定交渉のため渡米した池田勇人にたいし、アメリカからは「日本側の憲法改正という事前の措置なくして…対日援助費が支出され渡されることはない」（ウッドＭＳＡ長官）などの強硬論が出され、ロバートソン国務次官補も「本格的な軍備は憲法を改正しなければできないと考えているのか」、「何年ぐらいすれば憲法を改正できるか」と強く迫っています。これにたいし日本側は、「教育および広報によって日本に愛国心と自衛のための自発的精神が成長するような空気を助長する」ことを約束します（宮沢喜一『東京―ワシントン会談』）。

ＭＳＡ協定にもとづく防衛力増強のため、54年7月に保安隊は自衛隊に改組されますが、保安隊のときにはともあれ、「憲法第9条は、侵略のための目的たると自衛の目的たるとを問わず『戦力』の保持を禁止している」とされていた政府憲法解釈（52年11月）が、「自衛権は国が独立国である以上、その国が当然保有する権利である。憲法はこれを否定していない」に公然と転換させました（54年12月）。憲法の明文改悪をすぐに実現するのは困難との判断から、憲法の解釈を変えることでアメリカの要求に応えたのです。

在日米軍の基地機能強化もすすめられます。これにたいし、各地の基地反対闘争も激化し、52年秋から53年6月にかけて、石川県内灘村では米軍試射場のための漁場とりあげを無期限延長する閣議決定に怒った漁民がたたかいに立ち上がり、それは県下の自由党を除く全政党・労働組合・青年団・婦人会などで構成する内灘永久接収に反対する実行委員会の結成となり、県議会で絶対反対を決議するまでに発展しました。このたたかいは勝利にまではいたりませんでしたが、米軍演習地に反対する群馬県の妙義・浅間地区のたたかいにつながり、米軍と日本政府にその企てを撤回させることに成功しました。

戦後第1回目の改憲策動のピークと護憲連合の結成

自由民主党が憲法の改悪を主要な目的の一つに結成されたことは前述のとおりです。この動きに対抗し、「平和条約」への賛否をめぐって「左派」と「右派」に分裂していた社会党のなかで、「憲法擁護」では共同歩調をとろうとする動きが強まり、54年1月、憲法擁護国民連合（護憲連合）が結成されます。しかし護憲連合は、左右の社会党の共同組織としての限界と矛盾を当初からはらんだままの出発でした。

まず、その「実践目標」です。「第1段階においては、その与論の圧力によって、改悪計画を封ずる。第2段階においては議会提案を不可能ならしむる議会勢力を確保する。第3段階においては、最後の国民投票によって改悪案を葬ることを目標とする」と、憲法が現実の政治や社会に生かされていないという事実には目を向けず、運動の目標を憲法の条文改悪阻止に限定してしまう傾向を強くもっていました。さらに、大会「宣言」では「政党政派、主義主張を超えて」とうたいながら、組織方針では「共産党系の団体はこれを加えないこととする」と、反共主義を基本にすえていました。この運動方針、組織方針の狭さは、左右社会党の合同による日本社会党の結成（55年10月）後も引き継がれ、実際の活動は「護憲3分の1論」に象徴されるように、社会党が国会議席の3分の1を確保していれば憲法の改悪は阻止できると、「護憲運動」を社会党の選挙運動にわい小化していくことになりました。

保守合同による自民党の結成と左右の社会党の統一という「55年体制」のもと、55年12月から第24国会が始まりました。この国会には、内閣の諮問機関として改憲に向けた論議をおこなうための憲法調査会設置法案が、また改憲発議に必要な3分の2議席獲得のための小選挙区制法案が提出され、教科書検定強化や教育委員任命制移行の教育2法改悪などとともに、院外では、これら悪法に反対する抗議行動が連日展開されました。しかし院内では、自民党と社会党のかけひきによる議会運営がすすめられ、憲法調査会法案は5月16日に成立します。残る会期が少なくなるなか、鳩山内閣は教育2法案の採決を警察官５００人を参議院の議場に導入して強行しますが、この暴挙に世論の怒りが沸騰し国会審議はストップ、小選挙区制法案は廃案となりました。この直後におこなわれた参議院選挙でも自民党は3分の2を獲得することに失敗、戦後第1回目の改憲策動は挫折しました。

生活と権利を守るたたかいつうじ憲法が国民のなかに

１９５５年からは原水爆禁止世界大会や日本母親大会が開かれるようになり、日常生活のなかに憲法を生かす運動も広がりはじめました。

とくに55年を起点とする「高度経済成長」政策に反対する住民運動の発展は顕著でした。アメリカの強力なリードのもとに推進されたこの政策の特徴は、一口で言えば産業構造の重化学工業化でした。それは55年から60年の5年間に農林水産業が23・1％から14・9％に比重を低下させたのにたいし、鉱工業・建設業があわせて26・7％から34・7％へと比重を高めたことにあらわれています。

この急激な変化は、国民生活のさまざまな面で矛盾を激化させました。何よりも農村から都市への人口の移動による過密・過疎の問題、都市では住宅問題、交通問題、保育・教育の問題等が深刻化しました。熊本県水俣市のチッソ工場の有機水銀化合物の垂れ流しや、三重県四日市市の石油化学コンビナートでの煤煙による喘息問題など、野放しにされた工場の乱立の結果、各地で公害も激化します。こうしたなかで、住民の運動は「憲法をくらしに生かす」革新自治体をめざす運動へと合流していきます。

また57年8月、結核患者の朝日茂さんが、当時の生活保護制度のもとで日用品費が月額６００円というのは健康で文化的生活を保障した憲法第25条に反するとの裁判をおこしました。これに対し、東京地裁の浅沼裁判長は「憲法は絵に描いた餅ではない」と60年1月、「政府には憲法にいう最低生活を保障する義務があり、それにてらして現行の生活保護水準はあまりに低く、国民の生活権を無視している」と判決、61年度の予算では生活保護基準を一挙に26％引き上げるという大きな成果をもたらしました。（裁判そのものは67年、原告の朝日さんが亡くなったことを理由に最高裁は継続を認めないとして打ち切り。）

安保条約の改定へ

１９５７年2月、岸信介は首相の座につくや、自衛隊を1万人増員し、計画的に軍備増強をすすめるための「防衛力整備目標」（1次防）を開始しました。これらを手土産に岸首相は6月に訪米、念願の安保条約を相互防衛条約に改定することを申し入れました。その結果、安保条約に関する協議の場として設置された日米合同委員会の論議を経て、58年9月の藤山・ダレス会談で、日米安保条約を「双務化」することが合意されます。

しかしその半年前の3月、すでに米国務省内では、日本が「自国領域を防衛できるとともに自由世界諸国防衛のため海外で喜んで軍隊を使おうとする能力」をもち、「極東の全自由世界のために集団安全保障を提供できる」ようにするとした内容の提案文書（「日本における長期的安全保障の若干の目標」）がつくられています。アメリカは当初から、日本が憲法を改悪して集団的自衛権を行使できるようにするとともに、国連決議にもとづく集団安全保障活動にも参加することを視野にいれていたのです。

岸首相も、藤山・ダレス会談の直後、「我々は最大の日米協力を可能とする新しい安保条約を交渉する用意がある。しかし日本国憲法は現在海外派兵を禁止しているので改正されなければならない」と語っています。そのため岸首相は57年8月、政府の諮問機関としての憲法調査会を、これへの参加を拒否した社会党の参加のないまま発足させていました。

一方、米軍基地の強化は住民との矛盾を各地で激化させ、57年7月に起こった砂川事件は安保条約をめぐる違憲訴訟に発展しました。東京都砂川町（現立川市）で、米軍基地拡張に反対する農民を支援する学生・労働者らが基地拡張予定地内に入ったことが、安保条約にもとづく刑事特別法違反として起訴されたのです。一審の東京地裁は59年3月、駐留米軍は憲法第9条2項の「戦力」にあたり刑事特別法は違憲と判決、支援者らを無罪としました。

安保改定を1年後にひかえたこの時点での違憲判決に驚いたマッカーサー駐日大使は、閣議を1時間後にひかえた藤山外相に会い、事件を最高裁に「跳躍上告」することを勧め、日本政府もこれに従いました。

そしてわずか9ヵ月後の12月、最高裁は憲法第9条が禁止しているのは日本政府の支配する戦力であり、さらに安保条約のような「高度の政治性を有する問題」は、「一見極めて明白に違憲無効と認められない限り」は「裁判所の司法審査の範囲外」として原判決を破棄、日米両政府の期待に応えました。

こうした安保条約の改定が国民の反発をかうことは必至でした。そのため岸首相は安保改定に向けて58年10月、警察官職務執行法改悪案を国会に提出しました。「(安保改定は)命をかけてもやるつもりだったから、その秩序を維持するための前提として警職法の改正はどうしても必要」だった(岸信介、矢吹一夫、伊藤隆『岸信介の回想』)といいますが、それは「警察官が責任をもって治安維持にあたるには、犯罪が起こる前にそれをある程度予防する措置も講じなければならない」(原彬久『岸信介』)と、まさに戦前の治安維持法的発想にもとづくものでした。

ただちに、「デートもできない警職法反対」、「オイコラ警察反対」と国民の強い反対運動がおこりました。警職法改悪反対国民会議が結成され、中央では日本共産党の参加が排除されたものの、地方では共産党も含む40近い府県で共闘組織が結成され、5次にわたる統一行動には450万人の広範な国民が参加する反対運動に発展、法案は12月に審議未了・廃案となりました。このたたかいはそのまま安保改定反対のたたかいに引き継がれました。

1960年1月19日、岸内閣は新安保条約、地位協定に調印、その批准案件は2月5日に国会に提出され、安保特別委員会での審議が開始されました。岸首相は最初から、この批准案件をどんなに遅くとも6月19日までに国会を通過させるというスケジュールで臨みました。6月19日には、「日米新時代」を演出するためにアイゼンハワー米大統領の来日が決まっていたからです。しかし、「事前協議」、「極東の範囲」など、あいまいな内容が随所に含まれている条約案の審議が、思惑どおりにすすまなかったのは当然です。院外では、警職法改悪反対闘争の経験を継承し、59年3月に結成された「安保条約改定阻止国民会議」(安保共闘)と全国2000に及ぶ地域共闘を軸に23回にわたる統一行動を展開、ストライキ、集会、デモ、署名、国会請願など多面的なたたかいが展開されました。

岸首相は、こうした状況のなかで、5月19日、50日間の国会会期の延長と批准案件の承認を、警察官500人を動員して自民党単独で強行しました。条約は衆議院が採決した後30日経っても参議院が議決しないときは衆議院の議決を国会の議決とするとの憲法第61条の規定を適用しようとしたのです。この暴挙に国民の怒りは沸騰し、5月26日の第15次統一行動は54万人にふくれあがり、岸首相は自衛隊の出動まで要請したものの、赤城防衛庁長官はこれを受け入れることはできませんでした。

結果として安保条約批准案は「自然成立」したものの、内外のごうごうたる批判のなか、アイゼンハワー米大統領の訪日は中止となり、岸内閣は退陣を余儀なくされました。

新護憲の発足

安保闘争さなかの60年1月、新安保条約にたいする評価をめぐって西尾末広らが社会党を離党し、民主社会党を結成しました。左右統一いらい内包されていた社会党の中の矛盾が、この日本の進路をめぐる歴史的闘争のなかで表面化したのです。そして民社党の結成にともない、創立時から議長をつとめていた片山哲らも護憲連合から脱退、5月3日、「憲法擁護新国民会議」(新護憲)を結成しました。護憲連合が、事実上社会党一党支持の立場に立っていたことの弱点が、政党の分裂がそのまま運動組織の分裂となりました。

しかも新護憲は、「日本社会党や護憲連合の人びとの多くは、マルクス主義者、またはその同調者です。

…マルクス主義や共産主義と、日本国憲法の民主主義とは、全くあいいれない概念であり、思想でありま す」（新護憲発行『国民憲法読本』1961年）と、その反共主義をいっそう鮮明にしました。くわえて、日本国憲法と根本から矛盾・敵対する安保条約改定を議会制民主主義を踏みにじって強行した自民党政府、このたたかいのなかで蛮行をくりかえした右翼を免罪し、逆に、これに抗議する国民の主権者としての当然の行動まで「社会秩序をみだし、右翼全体主義を挑発」と非難（同前）すらしました。新護憲は、その後自民党の「解釈改憲」政策への援軍となり、いまや「論憲会議」として、民主党の中の改憲派に転落しています。

（2）改定安保条約の展開と第2次改憲策動――憲法会議の結成

1960年6月23日、改定安保条約が発効しました。正式な条約名が、52年の「日本国とアメリカ合衆国との間の安全保障条約」から「日本国とアメリカ合衆国との間の相互協力及び安全保障条約」へと変更されているように、日米が「相互協力」して共同作戦をおこなう条約になったのです。それでも岸信介は、「もし憲法の制約がなければ、日本が侵略された場合にはアメリカが、アメリカが侵略された場合には日本が助けるという完全な双務条約になっただろう」（『岸信介』）と完全な集団的自衛権行使の体制にできなかったことを悔やんでいます。

改定安保条約とその展開

しかしともあれ、改定条約は「日本国の施政の下にある領域」において「いずれか一方に対する武力攻撃」があった場合には、「共通の危険に対処するように行動する」との共同作戦条項が規定されました（第5条）。日本とは直接関係のない「極東における平和及び安全」という名目による軍事行動のためにアメリカに基地を提供するという屈辱的な条項はそのまま残されました（第6条）。

くわえて、「自衛力漸増」が52年の旧条約では前文における「期待」であったのにたいし、改定条約では、本文における義務となり（第3条）、また、軍事面だけでなく経済協力も義務づけられ（第2条）、日本はアメリカの支配体制にいっそう多面的に組み込まれることとなりました。

そして60年安保条約の具体化がはじまるや、日本をアメリカの戦争に巻き込む危険を示す事件が次つぎにおこります。

1962年10月、キューバへの核攻撃用ミサイル兵器持ち込みをはかるソ連と、これを阻止するために海上封鎖をおこなうと発表したアメリカが、カリブ海でにらみあい、国際的に緊張が大きく高まったとき、「〔米第5空軍司令部〕指揮下の米軍基地は一斉にディフェンス・コンディション〔防衛体制・5段階に分かれている〕をトップにあげた。つまり臨戦体制だ。5空は『自衛隊もトップに』と〔自衛隊航空〕総隊〔司令部〕に要求してきた。…総隊は『平時』の体制をかえ、約1時間厳戒配置についた。あとで報告を聞いた志賀〔防衛庁〕長官は怒ったといわれるが、あとのまつりだった」（「毎日」68年9月14日「素顔の自衛隊」）といったことが起っています。

63年には、防衛庁が「朝鮮有事」を想定し、アメリカの指導のもとで「三矢作戦研究」がおこなわれました（発覚したのは65年2月）。これは、安保条約第5条の適用なしに、在日米軍の指揮の下に日米共同作戦をおこなうことを想定した計画で、国内では、開戦と同時に国会が召集され、物価、輸送、生活必需品等の統制や、徴兵と徴用、言論・集会等の統制など87件に及ぶ戦時立法を2週間で成立させるというクーデター的計画でした。後にこの「研究」を知った佐藤首相は激怒したといわれますが、アメリカへの抗議はありませんでした。

そして66年6月、北爆開始によってアメリカによるベトナム侵略戦争が全面化するや、日本は米原子力潜水艦の「寄港」基地とされ、さらに補給・修理・休養の最前線基地として欠かせない役割を果たさせられました。まだアメリカの施政権下にあった沖縄からは、B52戦略爆撃機がしばしば直接ベトナムへの爆撃のために飛びたちました。

日本国民はこうしたもとで、ベトナム人民の独立闘争を支持するとともに、国内法を活用して港湾労働者が米軍用の積み荷作業を拒否したり、修理を終えた米軍戦車が港に向かう道路で抗議行動を展開し、立往生させるなどのたたかいを展開しました。

憲法調査会の報告書提出と選挙制度審議会

岸内閣の後を継いだ池田勇人内閣は、小選挙区制実現へのレールを敷くため、61年、内閣の諮問機関として選挙制度審議会（任期1年）を発足させました。改定安保条約によって憲法改悪がますます切実な課題になったにもかかわらず、自民党の支持率は60年代に入り顕著な低落傾向を示しはじめ、独自に改憲発議に必要な3分の2の議席を獲得することはますます困難となり、小選挙区制に「活路」を求めざるを得なかったのです。

こうしたなか56年に発足した内閣憲法調査会も大詰めの段階に入りました。その審議は、調査会の委員に改憲論者が多いことから当然予想されたように、それまでの改憲イデオロギーを整備し調整する性格をもってすすめられていました。しかし、60年の安保反対の大闘争を目の当たりにし、発足当初のように改憲案まで答申するという勢いを失っていました。その結果64年7月3日、憲法調査会が7年にわたる審議の結果として政府に提出したのは「答申」ではなく「報告書」にとどまり、しかも第9条をはじめとする全面的改憲を主張する意見と、憲法の「解釈と運用」によって事態に対処すればよいとする解釈改憲を主張する少数意見を併記したものでした。その答申を改憲世論盛上げの武器にしようとしていた改憲勢力の出鼻をくじくものとなったことは否定できません。

しかしこの憲法調査会の報告書提出と前後して、選挙制度審議会は第4次（64年）、第5次（65年）と、小選挙区制採用の答申をおこなおうと緊張した局面をむかえます。

33氏の「よびかけ」と憲法会議の結成

1965年1月30日、大西良慶（清水寺貫主）、小林良正（元専修大学長）、坂田昌一（名古屋大学教授）、末川博（立命館総長）、杉村春子（文学座）、田畑忍（元同志社総長）、恒藤恭（元大阪市大学長）、羽仁説子（評論家）、平塚らいてう（婦人運動家）など33氏が、憲法改悪阻止各界連絡会議（憲法会議）結成の「よびかけ」を発表しました。

「よびかけ」はまず、「憲法改悪をめぐる動きはきわめて重大」になっていることを指摘、「憲法のじゅうりんに反対して平和的・民主的条項の完全実施を要求する運動をいっそう強めるとともに、憲法の公然たる改悪を阻止する一大国民運動を発展」させることの緊急性を指摘します。さらに、「国民各界各層の生活と権利をまもり、独立、平和、民主主義の達成をめざす運動は不断に発展しており、これらの運動のすべてが憲法改悪の一つ一つのうごきと鋭く対決しているという自覚」をさらに発展させ、「憲法改悪阻止の国民運動に集約していく」ことの重要性を強調しています。そして、「この条件を生かし、政党、政派、思想、信条のちがいをこえ、憲法改悪阻止の一点で一致することができるすべての団体と個人が大きく団結し、力づよい運動をすすめていく」ための共同組織として憲法会議の結成をよびかけたのです。

こうして憲法会議は、「日本国憲法のじゅうりんに反対し、民主的自由をまもり、平和的・民主的条項を完全に実施させ、憲法の改悪を阻止することを目的」に掲げ（規約第2条）、活動としては、憲法問題についての学習・宣伝・研究や請願、集会とともに、「憲法改悪阻止を目的とする他団体との共同行動・統一行動の強化、他団体との団結と統一に役立つ活動」をめざす組織（同第4条）として発足しました。

１９６５年3月6日の結成総会には、オブザーバーも含めて62団体１０８人が参加、同日夜には、結成を記念して「憲法問題講演会」も開かれました。

五、憲法運動の新たな開拓と共同の探求

（1）踏み出された憲法会議の第一歩

内閣憲法調査会の報告書提出を受け、内閣広報室は65年から67年にかけて憲法に関する世論調査を実施しました。その結果、「今の憲法は、大筋としては、日本の国にふさわしい」が、33％（65年）、30％（66年）、28％（67年）であったのにたいし、「そうは言えない」はそれぞれ25％、13％、15％にとどまりました。そうした世論状況を背景に憲法会議は活動の第一歩を踏み出しました。

憲法調査会報告書批判と小選挙区制反対

憲法会議が発足後まず取り組んだのは、内閣憲法調査会の報告書や自民党の改憲キャンペーンを批判するパンフレットや資料集の発行、学習会や講演会の開催などでした。

同時に、61年に池田内閣によって設置された選挙制度審議会では小選挙区制採用の答申をめざす審議が大詰めを迎えていました。そのため、結成直後から67年の第5次選挙制度審議会終了まで、小選挙区制に反対する運動も憲法会議の中心課題となり、選挙制度審議会が開かれる日には欠かさず審議会会場での抗議行動がおこなわれ、学習・宣伝や署名活動などが全国的に展開されました。

運動は、66年3月の共産・社会・公明3党による「憲法擁護・小選挙区制粉砕連絡会議」の結成、さらに院内での民社党も参加する4党共闘の実現によって大きくもりあがり、東京都議会、大阪府議会など全国の地方議会で反対決議が採択されました。その結果、第5次選挙制度審議会は一本化した具体案を答申できないまま任期を終了しました。

憲法会議は、この闘争のなかで専門的知識をもった人びとの結びつきを強め、また悪法反対闘争の在り方を経験することとなりました。さらに、憲法会議はこの闘争をつうじ、改憲反対運動の有力な組織の一つとしての地位を確立することとなりました。

「憲法じゅうりん告発運動」

小選挙区制反対運動では実績を残したものの、一方で職場、地域、学園で日常的な憲法運動をすすめる点では弱さがあること、とくに、有力な団体を参加団体として結集しながら、それぞれの団体の運動が、憲法会議の運動と結びついていないことが反省点として出されました。その結果67年に提起されたのが、各団体や地域で日常的にたたかわれている要求闘争が、憲法の平和的・民主的条項を実現する運動であることを明らかにし、憲法をじゅうりんする政府や大企業の横暴を社会的に告発する「憲法じゅうりん告発運動」です。

多くの地方で、生活と健康を守る会や全日自労などが先頭にたって、福祉事務所や職業安定所に専門家を含めた調査団を派遣し、生活保護行政や失対事業の実態を調査し、その結果を憲法の条文と結びつけ、「生存権」や「働く権利」の侵害として各団体の機関紙等で宣伝しました。米軍基地や自衛隊がふりまいている害悪も各地でとりあげられました。岩手県では、両親が出稼ぎに出た後、残された子どもが餓死するという過疎地域でおこった衝撃的事件をとりあげ、専門家も含めて現地調査をおこない、貧困な社会保障のなまなましい実態をパンフレットにまとめて発表しました。兵庫県ではくり返される河川の氾濫《はんらん》と土木行政が対象とされました。こうした全国のさまざま運動を交流するため、68年11月を第1回として、「憲法じゅうりん告発全国集会」も開かれました。

この運動は、従来の「護憲運動」とは異なる新しい形態の運動として注目を集め、地方紙や週刊誌などで紹介されたほか、日本学術会議の学問・思想自由委員会からも報告を求められました。そして以後、この運動は期間を限っての運動ではなく、憲法会議の最も基本的な日常活動の一つとして、総会のたびごとに強調されることとなりました。

憲法学習の推進、憲法記念日の集会

憲法会議は結成と同時に、〝ポケットやハンドバックに入ります〟をキャッチ・フレーズに、憲法、教育基本法、安保条約などを収録した『憲法手帳』を作成し、普及運動を展開しました。団体交渉、学習会の場などでもすぐ取り出して参照できるものとして活用され、10年間で20万部を突破しました。

系統的に憲法を学ぶための講座も開かれました。中央憲法会議の「婦人の憲法講座」（65年10月、6回連続）、「中央憲法学校」（67年）だけでなく、各地でさまざまな形態をとって開催され、憲法会議運動の基本的形態の一つとして、今日までひきつがれています。

さらに憲法会議は発足の年から5月3日の「憲法記念日」を、国民的立場から憲法を学び、行動する日として重視し、記念集会や街頭での訴えをおこなってきました。

他の改憲反対組織との共同の探求

憲法会議が掲げた結成の目的の一つに、他の改憲反対組織との共同行動の推進があります。60年安保闘争が大きく盛り上がった基礎に全国２０００余の地域共闘組織があることに危機感をもった支配層による徹底した反共分裂攻撃によって、安保共闘は活動停止の状況でしたが、60年代半ば頃から、問題別共闘や「一日共闘」などの限定的な形で、共同行動が復活しつつありました。

憲法会議が他の民主勢力との共同行動に参加するようになったのは67年3月、自衛隊の違憲性を争う「恵庭事件」訴訟支援のための「恵庭事件対策中央連絡会議」を、護憲連合、共産党、社会党、総評などとともに結成したときからです。

8度にわたって廃案となっていた「紀元節」法案を、自民党が66年に強行、翌67年から2月11日が「建国記念の日」とされました。これにたいし憲法会議は67年2月11日、護憲連合、日教組、総評などと「紀元節復活に反対するシンポジウム」を開催、以後、「紀元節」問題連絡会議という共同組織として毎年の「2・11集会」を主催しています(同連絡会議は、現在、「『建国記念の日』に反対し思想・信教の自由を守る連絡会」(2・11連絡会)と改称)。また、右派勢力が靖国神社国家護持の策動を強めたことにたいしては、護憲連合やキリスト教団体などと靖国7者懇をつくり、情報交換や抗議行動などをおこないました。

憲法会議はこれらの取り組みをつうじて、対等・平等の立場で、一致点にもとづき行動し、妨害分子は加えないという共闘の原則を確立するために奮闘しました。

「憲法をくらしに生かす」革新自治体の運動

あらゆる分野で憲法のじゅうりんを強める自民党政治にたいし、60年代の後半から「憲法をくらしに生かす」住民運動の合流点となっていったのが革新自治体をめざす運動でした。この運動は、１９５０年いらい全国の「革新の灯台」としての役割を果してきた京都府につづき、67年、首都東京に革新知事が誕生するや、爆発的な勢いで全国に広がりました。

憲法会議は、共産党と社会党の政策協定、組織協定を基礎に民主勢力を総結集した「明るい革新都政をつくる会」の幹事団体として、首都の革新知事誕生のために奮闘するとともに、70年の京都府知事選の運動などにも積極的に参加しました。このなかで、黒田了一大阪憲法会議幹事長が大阪府知事に（71年4月）、阿部行蔵中央憲法会議幹事長が東京・立川市長に（71年8月）、それぞれ革新統一の候補として立候補、当選するなど、憲法会議の中心的幹部が選挙戦の当事者になることもありました。そうした革新自治体のもとに暮らす人々は、ピーク時の77年には全人口の42・9％に達します。

憲法会議は、こうした運動の前進をめざし「地方自治の革新をめざす憲法学校」（75年1月全4回）を開催したり、地方自治体にたいして憲法普及の出版物の発行や講演会の開催を申し入れるなど独自の運動も展開しました。

（2） 日米軍事同盟の強化と反共分断攻撃

自民党のまきかえしと70年安保自動延長

60年代後半の安保廃棄、沖縄返還運動のもりあがりや革新自治体の急激な増加、国政分野では共産党の躍進がつづく一方で、自民党の得票率は60年代半ばには50％を割ります。そうした流れを転換するための支配勢力の〝まきかえし〟が強められました。

その一つが司法反動化の攻撃です。66年10月の全逓中郵事件判決を皮切りに、公務員労働者のストライキに刑事罰を課すのは憲法違反との判決がつづき、また長沼事件でも自衛隊は憲法違反とする判決が出される可能性が生まれたことは、自民党政治にとって大きな脅威でした。そこで、政府は長沼事件担当の福島裁判官を、青年法律家協会の会員であることを理由に忌避申立て（70年4月）するなど、青法協攻撃を大々的に展開しました。石田和外最高裁長官も、「極端な軍国主義者、はっきりした共産主義者は裁判官に好ましくない」と発言する（同5月）など、司法行政の反動化を強めました。憲法会議は、各地で抗議行動を強め、71年9月には、護憲連合、共産党、社会党、総評などとともに「司法の独立と民主主義を守る国民連絡会議」を結成、司法反動化の動きと系統的にたたかうことになりました。

「この条約が10年間効力を存続した後は、いずれの締約国も、他方の締約国に対しこの条約を終了させる意思を通告することができ」（日米安保条約第10条）ると定められた安保条約「固定期限」終了の1970年を前にした69年11月、佐藤首相は訪米しニクソン米大統領との共同声明を発表しました。それは、安保条約の条文には手をつけない「自動延長」の形をとりつつ、沖縄の「核つき返還」や日米共同作戦の対象範囲拡大、自衛隊増強を約束するなど、安保条約をより危険なものに変質させる内容のものでした。

そうした動きと表裏をなすように憲法改悪の動きも強まり、69年5月には「自主憲法制定国民会議」（会長岸信介）が結成され、この年の5月3日を第1回に、毎年改憲に向けた集会を開いています。これに呼応し、72年6月には自民党憲法調査会の稲葉修会長が「憲法改正大綱草案（稲葉試案）」を発表しました。天皇は「国を代表する」としてその元首化をはかり、憲法第9条1項はそのまま存置し第2項以降で「自衛権」を明記するなど、むき出しの復古調をおさえたものでその後の自民党改憲構想の原型となります。

憲法学習の重要さがますます強調されることとなり、憲法会議は「憲法問題をめぐる情勢やその本質、運動の方向等についてさらに深く検討し、論議をかわしあい、教訓をわかちあっていく」ことを目的（「創刊の辞」）に72年5月、『月刊憲法運動』を創刊しました。

小選挙区制法案の国会提出を阻止

共産党躍進の動きをとめるための選挙制度の改悪も繰り返されました。活発な言論戦が展開され未曽有の大激戦となった70年3月の京都府知事選に破れた自民党が、その直後から言論・文書活動の規制にマトをあてた公選法改悪にのりだしたのもその一つです。憲法会議はただちに反対の声明を発表し機関紙「憲法しんぶん」号外の発行や反対署名、学者・文化人アピールの組織など反対世論盛り上げのため奮闘しました。

72年12月、第7次選挙制度審議会が、小選挙区制を柱とする報告書を提出しました。

憲法会議は第7次選挙審発足直後の71年1月、「小選挙区制・政党法に反対する運動のよびかけ」を発表し、署名運動や審議会への抗議、各団体への申し入れ活動などをおこない、審議会が報告書を提出するや、ただちにこの制度が実施された場合の各党の獲得議席の試算発表を含めて報告書を全面的に批判し、講師団学習会、パンフ、ポスター、プレートの作成と普及などにとりくみました。一般マスコミも含めて、この問題がほとんど注目されていない時期から、諸外国や戦前の日本の経験などを紹介し、体系的に批判活動を展開したことは、憲法会議のすぐれたイニシアティブの発揮となりました。

そして、田中内閣が73年3月以降、「殿ご乱心」という周囲の反対を押し切って会期延長後の国会で小選挙区制法案強行に向け突進しはじめるや、無数の学習会、職場や地域での宣伝、署名を創意をこらして全国的に展開する先頭にたちました。そして5月17日、共・社・公各党を含む233団体による「小選挙区制粉砕中央連絡会議」が結成されその運動をさらに急速に拡大するなかで、憲法会議は護憲連合とともに「中央連絡会議」の事務局を担い、田中内閣に法案提出を断念させるという歴史的勝利に大きく貢献しました。

アメリカのベトナム侵略戦争敗北と78年ガイドライン

自民党は、70年代初頭のドル・ショック、オイル・ショック、刻々と敗色を濃くするアメリカのベトナム侵略戦争、そしてますます顕著になる自らの退潮傾向を資本主義体制そのものの危機ととらえ、73年1月の党大会で、「自由社会を守れ」を宣伝戦略の柱にすえることを決定、反共キャンペーンを開始しました。財界もこれに呼応し、74年7月の参院選いらい〝企業ぐるみ選挙〟を大々的に展開、直接自民党政権の擁護にのりだします。

75年4月、アメリカのベトナム侵略戦争がついに敗北に終るや、日米同盟のさらなる強化に向けた動きが強められます。8月、三木首相は訪米してフォード大統領と会談、〝ベトナム後〟のアジア情勢のなかでの日米同盟の役割について話し合い、その結果76年7月には、日本の役割拡大に向けて日米防衛協力小委員会が設置されました。この小委員会における論議が開始された直後から、アメリカではつぎのような発言がとびかうようになりました。

「1985年に、日本の自衛隊が憲法による制約を脱して海外派兵が可能になる状況がくるであろう。アメリカと日本の両軍が、共同の指揮機構をもって、共同作戦態勢をとって、北東アジア作戦にあたる」(77年6月、スチルウェル・元駐韓米軍事司令官)

これが作業中の小委員会の作業の内容を先取りした発言であることは、78年11月、小委員会が作成した「日米防衛協力のための指針（ガイドライン）」で明らかになります。そこでは「日本国の施政の下にある領域」で「（日米）いずれか一方に対する武力攻撃」が発生した場合に限定されている日米共同作戦（安保条約第5条）を、米軍の極東有事（第6条）の際にも、事態が予測される段階から行うとしたものです。ガイドライン作成という形で、国会の同意を得ることなく、日米政府の合意だけで事実上、安保条約を改悪したのです。アメリカでは、この実行のために日本は憲法を改悪するととらえていました。

一方、78年には栗栖統幕議長が有事には自衛隊の超法規的行動もありうると発言したことが国会でも大問題となりました。しかし、福田内閣はこれを逆手にとって有事立法の検討を正式に指示しました。憲法会議はただちに「有事立法を糾明する研究討論集会」（9月18日、安保破棄中央実行委員会と共催）を開催するなど、抗議と学習の活動にとりくみました。

公明、民主などの反共姿勢の強まりと安保容認への移行

自民党の「自由社会を守れ」キャンペーンやアメリカのベトナム侵略戦争敗北の衝撃は、もともと反共体質をもつ野党の中にも顕著な変化をもたらすこととなりました。

公明党は、64年11月の結党時には中立化反対、安保条約は10～20年存続の方針を掲げていましたが、革新の風が強まった68年には完全中立と安保の「段階的解消」に方針を転換、さらに72年末の総選挙で敗北するや安保条約の「即時解消」を方針とするにいたります。ところが、アメリカのベトナム侵略戦争敗北後の75年の第13回大会においては、日米の外交交渉による合意にもとづく廃棄へと、事実上安保条約存続の立場に逆もどりしました。（その後、78年大会で存続容認、81年大会で「西側一員」の立場を明確に）。

民社党も結党当初の「駐留なき安保」論から「段階的解消」論へと一時は安保に批判的立場をとりますが、75年には「機能承認」論へと安保支持の立場を明らかにしました。

そして社会党もまた党内で社公民連合推進勢力が力を強め、各地の首長選で共産党との共闘に背を向ける姿勢を強めていきます。

憲法の原点否定する歴史逆行の動き

1975年は日本にとって戦後30年の節目の年でした。この年の8月15日、三木首相は「私人」と言いつつも、靖国神社への参拝を強行しました。翌76年1月には、民社党の春日一幸委員長らが戦前の治安維持法による共産党弾圧を肯定する論議を国会の場で開始し、11月には戦前の20年と戦後の30年を連続したものとみなす「天皇在位50年祝典」が強行されました。また、生長の家や神社本庁などの右翼勢力が、地方議会決議の積み上げという手法を使って元号法制化や靖国神社の国営化をはかる動きを強めます。こうしたなかで憲法会議は、憲法と民主主義の観点からこそ戦後30年の歴史の教訓をひきだす必要があるとの立場に立って、広範な学者・文化人らによるシンポジウム「戦後30年と民主主義」(10月26日、日本科学者会議と共催)を開催、歴史を逆行させる動きへの反撃をよびかけました。

こうしたなかで迎えられた憲法施行30周年を憲法会議は、「憲法30周年特別行動強化年間」(76年11月～77年5月)に設定、歴史の教訓を確認する学習・宣伝活動にとりくみました。その出発点して、「シンポジウム・憲法30年を考える」(76年11月3日、日本科学者会議と共催)を開催、その内容を憲法施行30周年記念出版『憲法を考える』として刊行しました。

そして77年3月、憲法会議のよびかけで憲法30周年記念活動実行委員会が発足し、3回にわたる「記念特別講座」、「憲法記念日のつどい」などの行事にとりくみました。実行委員会に参加した諸団体も、それぞれ独自の取り組みとして高校生の憲法意識調査（日高教）、職場の権利点検運動（新婦人）などのとり組みをすすめ、さらに全商連が「納税者の権利宣言」、全生連が「くらしと健康を守る権利宣言」を発表したことも、あらためて憲法の基本原則にたってそれぞれの運動をすすめる決意を確認するものとなりました。

ところで、憲法施行30周年当日の77年5月3日、憲法会議主催の「つどい」とは別に、「憲法30周年記念集会」が憲政記念館において開かれました。憲法会議、護憲連合が事務局となって準備をすすめ、鈴木安蔵（憲法会議代表委員）、大内兵衛（護憲連合代表委員）、片山哲（新護憲議長）、小林直樹（東大教授）の各氏が開催をよびかけたもので、当初は各党党首のあいさつが予定されていました。しかし、まず民社党が脱落、つづいて公明党、社会党も党首は出席しないとしたため、各党党首の揃い踏みは実現しませんでした。反共を憲法運動の前提としている民社党だけでなく、公明党や社会党のなかにも共産党とは肩を並べたくないという空気が強まりつつあったのです。

「社公政権合意」と憲法運動

日米政府の78年ガイドライン合意と前後して公明党などによる反共分裂の攻撃はますます顕著となり、京都府知事選（78年）、東京都知事選（79年）は分裂策動との大きなたたかいの場となりました。憲法会議は地方自治体の首長選挙における統一体制を堅持するために奮闘しましたが京都、東京、大阪などの革新自治体を防衛することはできませんでした。

そして80年1月、社会・公明両党間で「連合政権に関する合意」が成立しました。この合意は、それまでの3回にわたる共産党と社会党の党首会談の合意を棚あげし、「日本共産党は、この政権協議の対象としない」ことを確認するとともに、「政策の大綱」では「日米安保体制の解消をめざし、当面それを可能とする国際環境づくりに努力する。将来、日米安保条約の廃棄にあたっては、日米友好関係をそこなわないよう留意し、日米両国の外交交渉にもとづいて（10条手続きは留保）行う」としています。

その影響は政党間だけの問題にとどまらず、たちまち憲法運動の分野にも広がりました。護憲連合や総評が70年代初めから憲法会議とともに活動してきた靖国問題7者懇、「紀元節」問題連絡会議などからいっせいに撤退することとなったのです。安保条約廃棄の旗を掲げた全民主勢力の統一行動としておこなわれてきた「10・21統一行動」も、80年の開催が最後となりました。

憲法会議は、あくまで運動の統一を堅持するという立場にたって奮闘しましたが、靖国7者懇が機能を停止したもとでは新たに靖国問題各界懇談会を結成し、「紀元節」問題連絡会議においては残された歴史学団体、宗教者らとの団結をいっそう強め、それぞれの運動の強化、発展に力をそそぎました。

80年代には、「社公合意」によって国会に出現した「オール与党体制」のもとで、ガイドラインの具体化がすすめられ、憲法にたいする攻撃があらためて強められました。

六、「オール与党体制」とたたかう新たな共同の探究

地方議会決議テコにした改憲策動

改憲勢力は、保守系議員が多数を占める地方議会での促進決議を積み上げて元号法の制定を実現（79年6月）、その手法を憲法の改悪にも取り入れようとする画策を強めました。そのため、自主憲法制定国民会議は、「新しい憲法の制定を要請する決議」のヒナ型を各地の議会に送り付け、その採択を求めました。しかし、元号法制定の手口を経験した憲法会議は、ただちにその情報を全国に提供して地方議会への警戒をよびかけ、その反動性を明らかにする宣伝活動を広げて反撃の体制をとり、この策動が広がることを未然に阻止しました。

しかし右派勢力は81年に「日本を守る国民会議」（加瀬俊一議長）を結成、現実問題から改憲に迫るとして、「自衛隊法の改正を要請する決議」を採択することをつうじて、自衛隊合憲化の立場に立つ民社、公明などを明文改憲陣営に取り込むという「迂回作戦」を開始しました。憲法会議はこれにたいしてもいち早く中野好夫氏、森村誠一氏ら各界22氏の協力を得て、「憲法改悪、地方議会の自衛隊強化決議に反対する各界署名のよびかけ」を発表、この策動の本質を明らかにする資料集や反対請願のヒナ型を作成、世論の盛り上げをはかりこの策動も大きな広がりをもたせず失敗に終わらせました。

さらに、奥野法相の「今の憲法は占領軍の指示にもとづいて制定されたもの」（80年8月）との発言への波紋が広がるなかで、自民党は、〝憲法タブーはうちやぶられた〟と党憲法調査会の活動を再開、3年以内に改憲試案を作成することを確認し作業に入りました（同10月）。憲法会議は、奥野発言に抗議の運動を展開するとともに、市川房枝氏、中野好夫氏らの協力を得て、「80年代を展望するフォーラム＝憲法・民主主義と安保問題を考える」（12月8日）を開催、広範な勢力の共同の力こそこうした攻撃を跳ね返し、

80年代の日本の展望を切り開くものであることを明らかにしました。

中曽根内閣の登場と「日米軍事同盟体制国家」づくり

82年11月、「私は改憲論者」と公言する中曽根首相が登場したことにたいしては、ガイドラインに示された日米共同作戦体制の本格的展開をはかる首相として、アメリカの強い期待が寄せられました。そのため中曽根首相は「戦後政治の総決算」をとなえ、「日本列島不沈空母化」、「四海峡封鎖」、「シーレーン防衛」などを対米公約とする一方、その具体化に必要な軍事費を確保するため、福祉、教育切り捨ての臨調「行革」を強引に推進しました。

この中曽根内閣のもとで、自民党は、82年1月の党大会ではじめて改憲をもりこんだ「大会決議」を採択、7月には党憲法調査会が改憲試案の分科会報告をまとめました。また、自主憲法期成議員同盟も党をあげての改憲運動をもりあげるため、同盟独自で作成した「第一次憲法改正草案試案（竹花試案）」の普及にのりだしました。

憲法会議は12月、代表委員連名でアピールを発し、「国民一人ひとりが、知恵と力をだしあって改憲反対の『草の根』からの運動」を強めるようよびかけ、第18回全国総会（83年3月）では、「全国網の目学習・討論集会」の方針をうちだし、リーフレット、パンフレットも発行してその普及に取り組みました。

ところが中曽根首相は、日米軍事同盟を最優先する国家体制づくりに反対する政治勢力そのものを排除する政党法案の国会提出を企てました。憲法会議は、日本民主主義文学同盟、新日本婦人の会、日本民主青年同盟、日本共産党とともに「政党法に反対する中央連絡会議」の結成をよびかけ（84年4月28日）、以後、事務局団体の一つとして各都道府県に結成された連絡会議と連携し政党法の反動的本質を国民の中に広げるため奮闘し、7月29日には、「トマホークくるな」、「健保改悪反対」などの要求とも結び付けた抗議集会を11万余人の参加で成功させるなど、先制的反撃で中曽根首相の野望を阻止しました。

軍事法制の展開

ガイドラインを具体化するための、さまざまな国内法整備の動きも続きました。

防衛庁は、福田内閣が指示した有事立法の検討を着々とすすめ、まず81年4月、有事の際の民間人の徴用や物資の収用など、防衛庁が所管する法令についての有事法制の検討結果をまとめた「第1次中間報告」、84年には、食糧、燃料の確保や医療、運搬など、防衛庁以外の省庁が所管する法令にかんする検討結果をまとめた「第2次中間報告」を公表しました。(その後、所管省庁が明確でない法令についての有事法制についての第3次研究がおこなわれていますが、その結果は公表されていません)。

それらのなかで具体化されようとしたのが、「自衛隊及び米軍は、情報の要求、収集、処理及び配布の各段階につき情報活動を緊密に調整する」というガイドラインの要請にもとづく国家機密法案です。これも元号法制定の経験を取り入れ、勝共連合などでつくる「スパイ防止法制定国民会議」が、全国の地方議会で「国家機密法の制定を求める決議」の採択を迫る運動を展開しました。憲法会議は、この動きが表面化した当初から、この法案が国民の目、耳、口をふさぐものであることを明らかにし、地方議会に国家機密法制定反対の決議の採択をよびかけるなどの運動を展開しましたが、勝共連合などの「日本はスパイ天国」などの宣伝のなかで、法案は85年4月、議員立法で国会に提出されました。

ただちに、憲法会議、自由法曹団、統一労組懇などを事務局団体とする「国家機密法阻止各界連絡会議」が結成され、以後、職場、地域、学園での精力的な学習・宣伝・署名運動を基礎に国会請願、議員要請行動を展開しました。80年代に入って、社会党はほとんどこうした運動に目をむけず、明確に反対を表明する政党は日本共産党だけという状況のもとで、反対世論は戦前の陰惨な「スパイ狩り」を体験した保守系の人々のなかにも広がり、マスコミをも動かし、ついに廃案に追い込む大きな勝利をおさめました。

「いま声をあげるとき」運動

80年の「社公合意」以降、社会党の野党としての機能喪失ぶりは年をおうごとに顕著となり、国会は、日本共産党を除く「オール与党体制」がしだいに定着しつつありました。こうしたなかでも政党法や国家機密法の制定を阻止したたたかいは、国民世論を背景にすれば反動化を阻止できるとの確信を深めるものとなりました。

憲法会議は、広範な国民との対話と共同を広げるために、「8・15懇談会―靖国・教科書・遺族」(86年8月)、「シンポジウム＝いま問う憲法の歴史的原点と将来の展望」(同11月)、「8・15懇談会―いまあらためて『戦前』を問う」(87年8月)など、各界との対話と共同を広げ、世論を盛り上げるための取り組みを創意をこらして積み重ねました。

そして87年9月、「いま声をあげるとき―憲法施行40周年の異常な事態に抗して」のアピールを発表、中曽根内閣の成立後、憲法への攻撃が異常に強化されている背景には「(日本共産党を除く)野党が、自民党との連合をめざし、安保・自衛隊容認の政策を掲げて自民党政治の援軍となっているばかりか、国会審議の形骸化を大きくすすめ、戦前の翼賛議会再現の危険をもたらしている」ことがあることを指摘、「日本国憲法制定の歴史的教訓をあらためてかみしめ、歴史の発展方向を逆転させないために、国民ひとりひとりが声をあげる」ことをよびかけました。このよびかけに応え、文字通り各界、各層から戦前の経験を語りつつ今日の事態を憂える「声」や、広範な国民が手をつなぐべきときであるとの「声」が寄せられ、憲法会議は『月刊憲法運動』の3号にわたってこれらの「声」を紹介し、さらに単行本『いま声をあげるとき』として発行しました。

昭和天皇の死去にあたって

88年9月、天皇裕仁が重体になったと発表されるや、マスコミは連日〝病状報道〟をおこない、土井社会党委員長、矢野公明党委員長、塚本民社党委員長らもあいついで皇居を訪れ記帳しました。自民党政府は、国会の運営や外交日程まで天皇の病状をにらんで決定するなど天皇の元首扱いを強め、自治省が天皇死去の場合の議会の黙とうを行政指導する一方、地方議会では天皇問題をとりあげた日本共産党の発言を懲罰に付したり、その発言自体を抹消する事態までおこりました。憲法会議はこうした事態にたいし、9月28日、「異常な天皇美化キャンペーンに抗議する」を発表、国民主権原則を侵害する行為に批判をよびかけました。そして「紀元節」問題連絡会議とともに、天皇美化キャンペーンへの屈服をせまる攻撃に反対し、思想・良心の自由を守る学習や討論を広げました。

89年1月7日、天皇が死去すると同時に、官公庁やマスコミが服喪の体制に入り、商店街などにも〝自粛〟がおしつけるられなか、憲法会議は声明「天皇の死去にあたって—憲法の平和的・民主的原則の擁護・発展のために」を発表、「天皇の死去にともなう儀式を政治反動のテコとすることは絶対に容認できない」とし、「天皇の政治行為や政府による政治利用にたいする監視と批判を強め、国民主権をはじめとする憲法の平和的・民主的原則の擁護・発展」をめざすことを表明、2月11日には「天皇の死去にあたって—天皇制美化に反対し、国民主権、思想・良心・信教の自由を守る2・11集会」(「紀元節」問題連絡会議主催)、

5月3日には「天皇美化・安保条約と憲法を考える憲法記念日のつどい」（同実行委員会主催）などを成功させ、国民主権の原則を守るために奮闘しました。

「大嘗祭」、「大喪の礼」、「即位の礼」など1年間にわたってくり広げられた天皇美化キャンペーンは、ついに90年1月、天皇に戦争責任ありと発言した本山長崎市長へのテロ事件にまで発展、その推進者たちの責任の重大性を明らかにする結果となりました。

七、激動する世界のなかで

１９８９年11月の「ベルリンの壁」崩壊から91年12月のソ連崩壊へと、東欧諸国は激動の波に襲われました。また、90年８月にクウェートを侵略したイラク軍にたいし、翌年1月、アメリカが多国籍軍をひきいて湾岸戦争を開始、世界はまたも武力と武力がぶつかりあう悲惨な戦争の惨禍を目のあたりにすることとなりました。

激動する世界の情勢は、ただちに日本の憲法をめぐる動きにも波及してきました。その一つは、ソ連の崩壊をもって「保守と革新の壁もなくなった」などと、保守と革新の分水嶺にもなっていた日本国憲法をめぐる立場の違いをもとりはらい、政党間の離合集散が日常的に繰り返されるようになったことです。もう一つは、「国際貢献」の口実で、自衛隊の海外派兵への動きが公然と開始されたことです。その結果、90年代初頭から、憲法をめぐるせめぎあいはさらに激しくなりました。

（１）小選挙区制阻止めざす草の根のたたかい

金権腐敗政治を選挙制度に転嫁

80年代以降、「行政改革」とともに小選挙区制導入の企てもしつように続けられました。とくに１９８８年６月にリクルート疑惑が発覚し、政府・自民党の中枢部から社会党、公明党、民社党などの野党をまきこんだ大疑獄事件に発展するや、自民党政府はこれを逆手にとって「政治改革」の名による小選挙区制導入に結びつけようとしました。

竹下首相は、89年1月1日の年頭会見で、「ことしを政治改革元年の決意でやらないと国民に申し訳ない」と述べ、「自民党政治改革委員会」、「政治改革に関する有識者懇談会」を発足させました。同じくリクルート事件にまきこまれた野党の中からも、これまでと違って「政治改革に大賛成」（矢野公明党委員長）、「小選挙区制は、一時は野党側が苦しくても政策でのたたかいで政権への道を開くのが一つの希望」（塚本民社党委員長）などの声がおこり、財界や「連合」も推進の姿勢を明確にしました。

しかし、竹下首相自身がリクルート事件への関与を追及されて退陣を余儀なくされ、後を引きついだ宇野首相は女性スキャンダルの発覚によって就任後53日で退陣せざるを得なくなるなど、この「政治改革」は最初から「金権腐敗の一掃」、「政治倫理の確立」とは無縁のものでした。

にもかかわらず自民党は5月、「国民の政治にたいする不信感は頂点に達し、わが国議会政治史上、例をみない深刻な事態をむかえている」などと言いつつ、いぜんとして問題を「選挙制度の抜本改革」などにすりかえた「政治改革大綱」を決定、党内に「政治改革推進本部」を設置しました。また、18年ぶりに発足させた第8次選挙制度審議会は、27人の委員のうち会長の小林与三次・読売新聞社長をはじめ12人をマスコミ関係者でしめ、マスコミの取り込みによる世論操作のねらいを露骨に示すものでした。

結成いらい小選挙区制反対闘争で多くの蓄積をもつ憲法会議は、自民党が「政治改革大綱」を決定するや、ただちにこれについての「見解」を発表、金権腐敗を選挙制度の問題にすりかえる「政治改革」論議の欺瞞性を厳しく批判するとともに、国民が真に求めているのは企業・団体献金禁止などによる金権腐敗の一掃や、不均衡が拡大している衆院議員定数の是正であることを明らかにしました。また、『解説と資料・「政治改革」のすべて』を発行（9月）するとともに、11月の常任幹事会では「小選挙区制・政党法反対運動を強めよう」のよびかけを採択、各地、各団体で小選挙区制問題の学習会、宣伝活動、第8次選挙制度審議会や政党への抗議・申し入れ活動を展開しました。

「中央連絡会議」の結成

第8次選挙制度審議会は90年4月26日、小選挙区制の導入や政治資金制度改革など、自民党「政治改革大綱」の内容をほとんどそのまま取り入れた第1次答申を海部首相に提出、これを受けて海部首相は異例の「国民への訴え」を発表、その実現に「内閣の命運をかけて取り組む」ことを表明しました。

憲法会議はただちに、声明「第8次選挙制度審議会答申に抗議する」を発表し、答申の内容を解明するシンポジウムを開催（5月18日）するなど、その危険な内容を国民に広げる運動を取り組みました。同時に、重大な事態にふさわしく運動を一気に広げるため、6月6日、憲法会議、全労連、全国革新懇の3団体連名のよびかけを発し、6月26日、「小選挙区制・政党法に反対する中央連絡会議」を発足させました。以後、憲法会議はその事務局の一員として奮闘することとなりました。

「中央連絡会議」は独自の事務所を設置し、主要団体から専従事務局員を出し合い、週1回の「ニュース」を発行するなど民主勢力の総力を結集する体制をとり、シンポジウムを開催して8次審答申や自民党の動向を全面的に批判するとともに、のぼり、ポスター、ブックレット、スライドなどの宣伝資材を作成しました。急速に結成されつつあった小選挙区制・政党法に反対する都道府県・地域連絡会議によって、これらを使った宣伝、署名や地方議会の反対決議の運動が展開され、10月12日に始まった臨時国会では国会要請行動も組まれました。

また、杉原泰雄・一橋大教授、広田寿子・元日本女子大教授、本尾良・婦人有権者同盟元会長ら13氏が反対アピールを発表（11月25日）、これに賛同する学者文化人署名が1千人を越えるなど、反対運動の輪は日増しに広がりました。

この小選挙区制反対闘争が従来のものと大きく異なったのは、日本共産党以外の野党が何らかの選挙制度「改革」が必要との立場に立ったことです。とくに第8次選挙制度審議会が7月31日に提出した第2次答申で政党助成金制度をうちだしたことは、財政難に悩むこれらの政党を「政治改革」の共通の土俵にあげるテコとして大きな役割を果たしました。

90年12月に発表された国勢調査の速報値では、「一票の格差」が衆院で1対3・4、参院で1対6・4にまで拡大していることが明らかになりました。「中央連絡会議」は議員定数の緊急是正を海部内閣に要求しましたが、海部内閣は、選挙制度の抜本改革をつうじて是正するとの態度をおしとおしました。

海部内閣を退陣に追い込む

91年にはいって、自民党は党内調整と野党対策をいちだんと強め、5月31日、「政治改革」関連法案骨子を党議決定、海部首相も第8次審に区割りの諮問をおこなって法案提出の条件をつくりあげました（6月28日答申）。こうした情勢に対応し、「中央連絡会議」は「ＦＡＸニュース」の連日発行を開始、全国が連帯し、励ましあいながら運動を徹底して草の根へと広げることをよびかけました。

8月5日、「政治改革」関連法案を審議する臨時国会が始まるや、「中央連絡会議」は連日の国会要請行動を展開、とくに社会、公明、共産、民社、社民連にたいし、「小選挙区制阻止、定数不均衡是正のための政党間協議に関する要請」をおこない、各党がこれまでどおり小選挙区制反対の立場にたって、国民が求める定数是正実現のために誠実に協議することを申し入れました。

反対運動は、淡谷のり子、石垣綾子、住井すゑなど女性13氏のアピール、歴史研究者、教育者千人余の共同アピールなど階層別にも取り組まれ、各地の「連絡会議」の結成も衆院政治改革特別委員会の審議が始まったころには47都道府県、378地域、36階層へと広がりました。こうした各地、各階層の運動を背景に、9月末までに、国会要請行動は41回、参加者は延べ1万人を超え、集められた署名は175万人分、地方議会の反対決議も1道1府を含む181自治体に広がるなど大きな盛り上がりをつくりだしました。

こうした運動を反映し、自民党は国会審議で孤立しただけではなく、党内の矛盾も拡大することとなり、9月30日、衆院政治改革特別委は早々と法案を廃案とすることを承認せざるをえなくなりました。しかし、解決されていない定数不均衡問題や金権腐敗一掃にたいする国民の要求を、あくまで選挙制度改革に結びつけようとする日本共産党以外の各党の思惑のもとに、10月4日の会期最終日、「政治改革協議会」を設置し協議を継続するとの合意にもちこみました。

こうして、政府提出法案は廃案となり、この法案の成立に命運をかけるとの言明を繰り返していた海部首相は、その責任を問われ辞任に追い込まれました。反対運動は第1ラウンドで、小選挙区制の導入を阻止し、海部首相の辞任をかちとる大きな成果をあげました。

(2) 始まった自衛隊の海外派兵

湾岸戦争をとらえた海外派兵策動

1990年8日2日、イラク軍が電撃的にクウェートに侵攻し、8日には同国を「併合」したと発表、世界中の憤激をよびおこしました。国連安保理は米ソ冷戦で機能を失っていた時代と異なり敏速にイラク非難の決議を採択、91年1月15日までの期限をきってクウェートからの撤退を求めました。しかしこれが実行されなかったことを理由にアメリカが1月17日、国際的な合意を待たずに多国籍軍を組織して軍事力行使に踏み切ったため大規模な戦闘行動が展開されることになりました。戦闘はイラクのフセイン大統領が2月26日、事実上の敗北宣言をしたことで終了しましたが、この戦争による死者は多国籍軍が480人(うち米軍が375人)、イラク軍が10万人から12万人、民間人が16万人から21万人にのぼりました。

イラクのクウェート侵攻直後の8月14日、海部首相のもとにブッシュ米大統領から電話が入りました。「今回の事態は第2次大戦後の世界の分水嶺だ。日本もわれわれの共通の利益を守るということに完全に参加しているというシグナルを送ることが、いま世界にとっても重要だ」と自衛隊の派兵を迫ったというのです(外岡秀俊他『日米同盟半世紀』)。

海部内閣は、まず中東地域に展開した多国籍軍への「貢献策」として、輸送、物資、医療活動にたいし20億ドルの資金援助をおこなったうえに、多国籍軍の輸送、通信などの活動を自衛隊が支援するための「国連平和協力法案」を臨時国会に提出し(10月16日)、自衛隊そのものの派兵も企てました。

憲法会議は8月31日、「イラク問題を口実とした海部内閣の改憲策動を糾弾する」との声明を発表、イラクの蛮行に抗議するとともに、イラクにたいする世論の怒りを逆手にとって、政府自身がこれまで「憲法上許されない」としてきた自衛隊の海外派兵と集団的自衛権の行使に道を開こうとしていることを厳しく批判し、海部内閣に申し入れました。

さらに海部内閣が「国連平和協力法案」成立をめざした臨時国会直前の10月11日、憲法会議は全労連、安保破棄中央実行委員会、日本平和委員会と共催で「『国連平和協力法』反対緊急代表者会議」を開催、同法案反対の運動を大きくもりあげるために「自衛隊海外派兵に反対する連絡会」を結成、憲法会議も幹事団体の一つとなりました。以後、「連絡会」を中心とした国会行動は、10月12日から11月8日までに78回、1万195人が参加するものとなり、同法案を廃案に追い込むことに大きく貢献しました。

しかし91年1月17日、多国籍軍がイラク軍への攻撃を開始し、悲惨な戦闘のもようが連日テレビでも報道されるなかで、海部内閣は95億ドルの追加支援とともに、難民救済と称し、政令による自衛隊機の派遣を決定、自衛隊海外派兵に向けての一歩を踏み出そうとしました。憲法会議は声明「憲法の平和的・民主的原則空洞化の企てに抗議する」を発表、緊急アンケートで憲法学者からの「私の一言」を寄せてもらうなど抗議の世論盛り上げをはかりました。自衛隊機の派遣については現地からの要請がなかったことから不発に終りましたが、何とか海外派兵の実績を残したいとする海部内閣は湾岸戦争終結後の4月26日、機雷除去のため自衛隊掃海艇のペルシャ湾派遣を強行しました。憲法会議はただちに声明「憲法の平和原則をつきくずす海部内閣を糾弾する」を発表して抗議しました。

国連平和協力法案にかわる新たな海外派兵法案提出の動きが続くなかで、憲法会議は5月31日、「憲法じゅうりん・改悪の新たな攻撃に反撃する運動」をよびかけ、①「憲法を学ぼう」大運動と、②対話と共同の波をまきおこすことを提起しました。また『月刊憲法運動』で連続キャンペーンを展開するとともに、ブックレット『いま憲法があぶない』を発行、大衆的な学習運動を推進しました。

ＰＫＯ等協力法の強行

海部内閣は91年9月19日、あらためて「国連平和維持活動等に対する協力に関する法律案」（ＰＫＯ等協力法案）を国会に提出しました。法案は、廃案となった国連協力法案から多国籍軍参加の部分を除くことで集団的自衛権行使との批判をかわし、ＰＫＯ参加5原則（①紛争地域にはいかない、②受け入れ国同意、③中立的立場堅持、④以上の前提が崩れたら撤退、⑤武器使用は自己防衛に限定）を提示し、武力行使をおこなわないので海外派兵にあたらないと言い逃れることで公明、民社の取り込みをねらったもので、11月に発足した宮沢内閣に引きつがれました。

「自衛隊の海外派兵に反対する連絡会」は、連日の国会要請行動や大規模な抗議集会、各地での宣伝行動を繰り広げました。憲法会議はそれらに参加しつつ、独自にも、声明「自衛隊の海外派兵法案の撤回を要求する」を発表し（9月20日）、研究会（10月2日）、「学習討論集会」（11月15日）などを開き、さらに憲法学者や文化人と連携しつつ共同の輪を広げ、反対世論を盛り上げるために奮闘しました。また、5月に提唱した「憲法じゅうりん・改悪の新たな攻撃に反撃する運動」の具体化をめざす運動は各地で創意をこらして展開され、参加団体のなかでも新婦人は独自に憲法手帳を作成、短期間のうちに会員数を上まわる普及に成功するなどの成果をあげました。

提出されたＰＫＯ等協力法案にたいし、国会では自民・公明・民社が統一した修正案を作成して推進する立場を明確にし、社会党、社民連が議員辞職願いを提出し欠席するという戦術をもてあそぶなか、6月15日、法案は自公民三党によって採決が強行されました。憲法会議はただちに抗議声明を発表しましたが、各紙も「憲法第9条に基づいて自衛隊を海外に出さないという戦後の基本政策を大きく転換」（「毎日」）、

「重要法案がこんな〝異常出産〟を見たのは、残念」（「東京」）と、この強行劇を厳しく批判しました。憲法会議は自由法曹団とともに、パンフレット『許すな！ 海外派兵―憲法の平和原則に輝きを』を発行し、引き続き海外派兵に反対する学習運動に取り組みました。

平和原則擁護で国民的共同をよびかけ

ＰＫＯ等協力法案反対運動さなかの92年3月7日に開かれた憲法会議第27回全国総会は、国会における力関係のいかんにかかわらず国民の圧倒的多数は憲法の平和原則の擁護を願っていることに確信をもち、広範な共同を実現するために奮闘するとの方針をうちだしました。その具体化として、4月、憲法会議代表委員連名の「憲法の平和の誓いを日本と世界に生かすために―いまこそ国民的共同の輪を広げましょう」とのアピールを発表、賛同運動を開始しました。

この運動は、各界の大きな共感をよび、浅井基文・明治学院大、石川弘義・成城大、奥平康弘・国際基督大、清水慎三・元信州大、杉原泰雄・一橋大、飯沢匡・劇作家、江見俊太郎・俳優、品田雄吉・映画評論家など広範な各界著名人１３００人を越える賛同が寄せられました。

憲法会議は、アピールに賛同した人たちを中心にニュース「憲法の平和の誓いを日本と世界に」を週刊で発行、さらなる運動の広がりをめざしました。その運動の輪は、湯川スミ、左幸子氏らがよびかけた女性のアピール（賛同約７００人）、家永三郎、小林直樹、山住正己氏らがよびかけた教育関係者のアピール（約５００人）、文化人アピール（約５００人）へと広がり、いくつかの地方でも同様の取り組みが創意をこらして展開されました。

93年2月26日には、こうした各分野の運動をもちよって、懇談会「いまこそ憲法の平和の誓いを守る国民的共同を」を開催しました。ここでは、堀尾輝久・東大教授、永原慶二・一橋大名誉教授、山谷新子・キリスト教婦人矯風会会長、志位和夫・日本共産党書記局長、寿岳章子・京都府立大名誉教授、本尾良・婦人有権者同盟元会長、杉原泰雄・一橋大教授らが話題提供をおこない、広範な各界の人々が決意と交流を深め合いました。

（3）「政界再編」と「オール与党化」の深化

野党の中にも広がった改憲論議

湾岸戦争をきっかけに急速に高まった「国際貢献」論議のなかで、自民党内では小澤一郎・幹事長らが「（国連の）国際的安全保障への参加」などを唱えて改憲論議をリードしていました（92年2月）。また巨大マスコミである読売新聞社が92年1月に「憲法問題調査会」を設置し、その議論の内容を毎月、「読売」紙面をつかって大々的に紹介するなど、改憲キャンペーンを開始しました。

これに呼応し、「憲法を『不磨の大典』ととらえる時代状況ではなくなった」（市川・公明党書記長、93年1月14日）、「政治的混乱を避け、解釈上の疑義をなからしめるため、憲法改正を検討すべき」（民社党と語る会、92年12月17日）など、野党もつぎつぎと改憲論議に参加、社会党も、「わが党の護憲の立場をさらに発展させ、憲法の創造的展開を図る『創憲』の立場に立つことを提唱」（山花委員長立候補の「政見」、

93年1月）するにいたりました。

こうした改憲論議の急展開の背後では、「従来の野党間連合の障害とされてきた基本的政策の違いについても、これを乗り越え、政権交代を可能とするもう一つの政治勢力、改革派の総結集」をはかる（山花、同前）、とこれを「政界再編」に結びつける動きが活発化していました。すでに91年10月15日、金丸自民党元副総理と田辺社会党委員長との間では「政界再編」についての論議がかわされ、12月の社会大会では「リベラルな立場に立つ政治勢力（自民党・竹下派）」との提携が論議されています。また92年2月、自民党の政治改革本部と佐藤観樹社会党副委員長の話し合いでは「中選挙区制見直し」で一致し、93年2月の自民党若手議員と公明党政策集団が「接点探求へ努力」で一致するなど、日本共産党以外の政党の間では従来の保守・革新を飛び越える「一大政治勢力の結集」をめざす財界、政界、労働界、マスコミ界の動きが進行しつつあったのです。

そして93年4月、自民党が単純小選挙区制を柱とする4法案を、社会党・公明党が小選挙区比例代表併用制を柱とする5法案を国会に提出、論議の中心はどのような形態の小選挙区制を導入するかに移される状況がつくりだされました。

そうした動きの急展開の背後では、自民党をとびだした勢力によって日本新党（92年5月）、新党さきがけ（93年6月）、そして新生党（93年6月）があいついで結成されています。その政策内容はほとんど変わらないにもかかわらず、マスコミはこうした動きを「自民」と「非自民」の対立として描きだし、そのどちらを選択するかの大キャンペーンを展開するなか、03年7月18日に実施された総選挙で自民党が過半数を割り、8月9日、社会党、公明党、新生党など7党1会派連立の細川政権が発足しました。こうして1955年以来38年間続いた自民党一党支配の時代は終わりました。

マスコミは、これによって自民党政治の根本的「改革」がはかられるかのように、こんどは細川内閣美化キャンペーンを展開しました。しかし細川政権は、「小選挙区比例代表並立制による選挙制度改革」、「外交及び防衛等国の基本施策について、これまでの政策を継承」、とりわけ「日米関係の基軸としての日米安全保障条約を継承」するという「連立政権樹立に関する合意事項」をもとに成立したものであり、従来の自民党政治の転換をめざした政権ではありませんでした。それどころか自民党政権が戦後いっかんしてねらいつづけながら実現できなかった小選挙区制の策動が、今度は「非自民」を掲げる政権によって推進されることとなりました。

憲法会議は、こうした明文・解釈両面からの改憲論議の本質を研究会などで深めつつ、「憲法記念日のつどい」をはじめとする諸行事や『月刊憲法運動』、パンフレットなどをつうじて精力的に批判しつづけ、日本国憲法の平和原則が侵略戦争の深い反省を踏まえ、同時に国際的にも戦争違法化の流れにそった先駆的意義をもったものであることを明らかにするため奮闘しました。

小選挙区制法案、「オール与党」相手にいったんは否決

細川首相は就任するや、「この政権が『政治改革政権』であることを肝に銘じ、政治改革関連法案を本年中に成立させるべく総力を結集する」(93年8月9日、首相談話)と小選挙区制推進を最大の課題にかかげました。海部内閣時代に結成された「小選挙区制に反対する中央連絡会議」は翌10日アピールを発表、「細川第2自民党政権の小選挙区制導入の策動は、戦後日本の民主主義政治にたいするかつてない重大な挑戦」と糾弾し、「職場・地域・学園の草の根からの学習・討議を基礎に、創意ある宣伝活動を展開して、圧倒的な国民の怒りの世論を結集」することをよびかけました。

「中央連絡会議」は8月20日、「小選挙区制阻止・金権腐敗一掃全国代表者会議」を開き、小選挙区制を阻止するたたかいの大義を明らかにし、「署名をはじめ国民世論の結集とそのための宣伝・学習運動」を全国的に展開することを決意しあいました。そして9月17日に始まった臨時国会には、冒頭から600人を越える人々が国会要請行動に参加し、熱気あふれるたたかいを開始しました。

しかし、細川内閣美化、「政治改革」推進のマスコミの大キャンペーンのなかで、小選挙区制反対の街頭宣伝等にたいし、当初は冷ややかな反応しかかえってきませんでした。「中央連絡会議」はこの世論を転換するためにあらゆる手だてを講じるとともに、異常なキャンペーンを展開するマスコミ各社への要請などきめ細かい運動も行いました。地方では「狂歌百人一首」、出勤前一時間流し宣伝、カチカチ夜回り宣伝、昼休み紙芝居宣伝など徹底した草の根の運動を展開しました。

こうしたなかで、12月には地域連絡会が全国で1500を超え、1月には国会要請行動の参加者が1万人を突破する大闘争へと発展しました。運動は、冷ややかだった街の空気を変え、各党派の議員にたいし繰り返しおこなわれた要請行動にも好意的な反応が少なからず寄せられるようになりました。

これらは、連立与党内にも影響を拡大し、細川内閣が提出した4法案は衆院で可決されたものの、1月21日の参議院本会議では賛成118、反対130という予想外の大差で否決され、その後の両院協議会でも一時は協議打ち切りが宣せられるという場面にまで立ち至りました。連立与党や財界、「連合」などはこの事態に衝撃を受け、個別議員への説得活動など必死のまきかえしをはかったため、1月28日、細川首相と河野自民党総裁の密室談合における改悪「修正」の合意によって法案は成立させられました。しかし、数の上で成立が確実であったはずの法案がいったん否決されたのは、まさに運動の力でした。

「中央連絡会議」はただちに、この運動のなかで発揮されたエネルギーに確信をもち、これをさらに発展させ、廃止をめざす運動へと引き継ぐことを提起しました。そして4月4日、江尻美穂子・津田塾大教授、隅野隆徳・専修大教授、不破哲三・日本共産党委員長ら10氏の「小選挙区制の廃止をめざす国民的共闘組織結成のよびかけ」が発表され、5月24日には「小選挙区制の廃止をめざす国民運動」が新たな決意のもとに発足し、憲法会議は、この「国民運動」においても事務局の一員として奮闘することになりました。

「非自民」の壁すら取り払い

細川連立政権が鳴り物入りで強行した「政治改革」がまったくごまかしにすぎなかったことは、細川首相が自らの金権疑惑によって退陣せざるをえなかったことでも証明されました。また、これに代わって発足した羽田内閣が北朝鮮の「核疑惑」に対するアメリカの「制裁」行動への参加をくわだて、有事立法の策動を浮上させるなど日米軍事同盟のいっそうの強化をめざしたように、「非自民」をかかげた「政権交代」は「改革」などではなく、実質的には自民党政治を継承し、それを強化していくものにほかなりませんでした。

憲法会議はあらためて憲法を職場・地域に生かしていくため「出前憲法学校」など創意をこらした学習運動の強化をはかるとともに、あらゆる運動をつうじ広範な層との共同を拡大することを追求しました。また、羽田内閣のもとで重大化した有事立法の動きにたいしては、安保破棄中央実行委員会とともに「有事立法に反対する学習討論集会」を開く（6月14日）など機敏に反撃しました。

しかし94年6月、ついに「非自民」の壁すら取り払われ、村山社会党委員長を首班とする自民党・社会党・新党さきがけの連立政権が誕生しました。3党合意では、「自衛隊と日米安全保障条約を維持」するとしたうえに、「世界の平和とわが国の安全保障を維持するため、国連の平和維持活動に積極的に参加する」

とありました。村山首相は国会答弁でも、「私の政権のもとでは今後とも日米安保条約、および関連取り決めの義務を履行していくとともに、日米安保体制の円滑かつ効果的な運用を確保していく」、「自衛のための必要最小限度の実力組織である自衛隊は、憲法の認めるもの」とまで踏み込みました。そして村山内閣は小選挙区制の仕上げとなる区割り法を成立させ、消費税の税率アップ、年金改悪など自民党政権時代でも困難だった悪法をつぎつぎと成立させました。

日本の代表的な憲法学者約200人が、村山首相の「自衛隊合憲・安保堅持」発言に怒りの声明を発表したように、村山内閣の成立はまさしく解釈改憲のオール与党体制の確立を象徴するものでした。憲法会議は10月1日、自由法曹団と共催で「学習討論集会・激動の時代の憲法を考える」を開催、村山内閣のもとでのさまざまな改憲論議や国連を使った自衛隊海外派兵の拡大に反対し、憲法の平和原則擁護の共同を拡大する草の根の運動を広げる意義を確認しました。

こうしたなか、40年の歴史をもつ憲法擁護国民連合（護憲連合）は、村山内閣を「脱冷戦、憲法の精神を尊重した連立政権」と美化しつつ、交流や連帯の場を提供する「憲法擁護・平和・人権フォーラム」に改組されました。

八、改憲論議の本格化と共同にむけた新たな前進

基本政策の違いがタナ上げされた結果、政権参加だけを目的とした政党の離合集散がおこなわれました。主な流れを見ても、93年6月に自民党を離党した小沢一郎氏らが新生党を結成、それに日本新党、民社党、公明党の一部が合流して新進党となり（94年12月）、それが自由党といくつかの小会派に分裂（98年1月）、その自由党がさらに分裂して保守党ができ、やがて自民党に復帰。一方、自由党の残存勢力や新進党から分岐した小会派などが民主党を結成します（98年4月）。社会党は96年1月に党名を社会民主党に変更しますが、多くは民主党に合流します。通常の政党政治の国には例を見ない異常事態が続きました。

こうした政党の混迷を背景に、日米軍事同盟強化と憲法改悪の動きが激しく進行します。

（1）安保「再定義」と日米軍事同盟の地球規模化

「冷戦は終わった。ソ連はもはや存在しない。45年間にわたってわれわれの防衛の意思決定のもとになってきた脅威―われわれの戦略、戦術、ドクトリン、兵力規模と構成、武器設計、防衛予算を決めてきた脅威―は去った」、「われわれはこの新時代の性質を定義し、新しい戦略を作り、それに合わせて軍隊と軍事計画を再構築しなければならない」（93年9月、米国防総省「ボトム・アップ・レビュー報告書」）。ソ連崩壊はそれまでの軍拡と軍事同盟優先路線の根拠を改めて問うことになりました。

それは日米間の問題そのものでもありました。94年9月、クリントン政権の国防次官補に任命されたジヨセフ・ナイは、ヨーロッパその他の地域での軍事同盟よりも日米安保の「再定義」を優先することを強調しました。安保条約の条文は変えずに、その内容を「再定義」することによって日米軍事同盟の維持・強化をはかろうというのです。その結果ナイは、「東アジア戦略報告（ナイ・リポート）」の作成（95年2月）→日本の防衛計画大綱の改定（同年秋）→日米首脳による「日米安保共同宣言」（同年11月）というスケジュールを描きます。この時間表は少しずつ遅れますが、その通りの手順で進行します。

「周辺地域」に拡大された日米同盟

「ナイ・リポート」は予定どおり95年2月にまとめられました。それは当時の細川内閣の「防衛問題懇談会」が描いた「世界的並びに地域的な規模での安全保障協力」というあいまいな構想とは異なり、ズバリ、「（日米）二国間パートナーシップを強化」し、これを「地域及びグローバルな安全保障戦略の基本的メカニズム」とするというものでした。

アメリカは日本との「安保対話」を通じて早い段階からこの「ナイ・リポート」の内容を日本に伝え、新防衛計画大綱に反映させるよう迫りました。その結果、旧大綱では1回だけだった「日米安全保障体制」という言葉が、95年11月に村山富市内閣のもとで閣議決定された新大綱では13回も登場することとなりました。

そして新大綱には、「我が国周辺地域において我が国の平和と安全に重要な影響を与えるような事態が発生した場合には、…日米安全保障体制の円滑かつ効果的な運用を図る」という規定が登場します。安保条約では、①日本の領域に対する武力攻撃が発生した場合（第5条）、②極東地域で行動する米軍への施設・区域の提供（第6条）、に限定されている日米協力を、「我が国周辺地域」での事態に拡大することが打ち出されたのです。

この間、政権は「非自民・非共産」の細川内閣から羽田孜内閣を経て、自社連立の村山内閣（94年6月）へとかわっています。しかし「日米関係の基軸としての日米安全保障条約を継承する」との細川内閣発足時の確認はそのまま引き継がれ、アメリカの言うことは何でも受け入れることを当然とする異常な「オール与党」体制がつくられていたのです。

憲法会議はこの間、日本国憲法を棚上げしておこなわれる政党の離合集散を批判し、憲法の先駆的・先進的意義を確認しあう「私と憲法」運動と結びつけつつ、学習パンフや討議資料の作成、安保破棄実行委と共催の「学習討論集会＝安保『再定義』を徹底解明する」の開催（95年9月）等、安保「再定義」をめぐる動きに警鐘をならしつづけました。

日米安保共同宣言、周辺事態法の制定へ

96年4月17日、来日したクリントン米大統領と、自民、社民、さきがけを与党とする橋本首相は会談後、「日米安保共同宣言―21世紀に向けての同盟」を発表しました。そこでは、安保「再定義」の集大成として、「両首脳は、日本周辺地域において発生しうる事態で日本の平和と安全に重要な影響を与える場合における日米間の協力に関する研究をはじめ、日米間の政策調整を促進する」と、日米同盟を日本「周辺地域」に拡大することをあらためて宣言するとともに、この新たな日米協力の強化を具体化するために78年の日米防衛協力指針（ガイドライン）を見直しすることが確認されました。

憲法会議は「安保大改悪」のこの共同宣言を5月3日の「憲法記念日のつどい」をはじめ、憲法公布50周年の記念活動として取り組まれた連続3回の「憲法講座」等で厳しく批判するとともに、リーフレット

を発行するなど学習・宣伝に全力をあげました。

そして96年9月、憲法会議の代表委員を含む63人が、「21世紀の日本を軍事ではなく、平和で世界に貢献する国に━第9条をはじめ憲法の平和の誓いを守る共同の輪を広げましょう」のアピールを発表、賛同の輪を広げる運動に取り組みました。池辺晋一郎、小山内美江子、木下順二、小林亜星、杉原晋水の各氏ら、賛同者は1653人に達し、改憲論議が常態化した国会内の状況とは対象的に、国民の憲法意識は健全なことを証明しました。

こうしたなかでも日米共同声明にもとづくガイドライン見直し作業はすすめられ、97年9月に終了します。そこでは日米共同作戦の対象地域を、「周辺地域」に拡大しただけでなく、わざわざ「周辺事態は地理的概念ではなく、事態の性質に着目したもの」との政府説明が付され、拡大解釈の余地を広げました。さらに従来からの「後方支援」という用語を「後方地域支援」という新造語に置き換え、「戦闘行動が行われている地域とは一線を画される日本の周囲」でおこなわれる補給、輸送、整備等の支援であり、「武力行使との一体化」をしないから集団的自衛権の行使にはあたらないとの詭弁を展開しました。

ガイドラインを国内法として具体化するための周辺事態法案は、第2次橋本内閣によって98年4月に閣議決定されますが、審議入りしたのは99年3月でした。この間、自・社・さきがけを与党とする橋本内閣から、自民・自由連立の小渕内閣へ政権交代がおこなわれ、さらにこれを閣外から公明党がささえる事実上の自・自・公が衆参両院で多数をしめる与党体制を確立したうえで小渕内閣は5月、周辺事態法を強行成立させました。

憲法会議は法案が閣議決定された直後に、全労連、全国革新懇などとともに「新ガイドラインとその立法化に反対する国民連絡会議」の結成をよびかけ、5月14日の結成総会には170人を超える団体や地方の代表が参加したばかりでなく、全日本海員組合、全港湾労働組合等から連帯表明がなされるなどの広がりが示されました。「国民連絡会議」はリーフレット等を作成して学習・宣伝活動に取り組むとともに、政府が有事には一般的な協力義務を課す説明書を地方自治体に配布したことなどを重視し、基地をかかえる14都道府県で構成する「渉外主要都道県連絡協議会」との懇談もおこないました。

（2）有事法制の推進と憲法改悪への新たな段階

有事3法制、アフガニスタン、イラク派兵に反対するたたかい

ガイドライン改定に反対するたたかいは、その具体化である「周辺事態法案」反対のたたかい（1999年～2000年）を経て、「武力攻撃事態法案」「安全保障会議設置法改悪案」、「自衛隊法改悪案」など有事3法案に反対するたたかい（02年～03年）に引き継がれました。

アメリカの戦争のために人も物も総動員する、そのために政府に強大な権限を付与するという有事3法案に対し、憲法会議は安保廃棄実行委などと「有事法制は許さない！　運動推進連絡センター」をつくり、学習・宣伝や議員への要請活動、地方議会における反対決議運動、地域の共同組織づくりなどにとりくみました。こうした運動を推進するため、憲法会議と安保破棄実行委はリーフレットを3号まで発行しました。

とくに有事の際に物資の提供や人的協力を強いられる地方自治体の反発は強く、長野県では県議会を含め１２０議会中１０４議会、沖縄県も県議会を含め52議会中47議会が反対もしくは慎重審議の決議を採択しました。これらを実現した力は全国で５００を超えて広がった地域の「推進センター」でした。02年９月19日全国代表者会議では草の根の世論と結んだ学習・対話活動をさらに発展させることが強調され、03年の「２・11集会」や「５・３集会」などでも有事法制反対を高く掲げ、２国会にわたり３法案の成立を阻止しました。しかし小泉純一郎内閣は、武力攻撃事態法の修正などで野党の一部を取り込み、６月６日、法案の成立を強行しました。「推進センター」はただちに、「３法案の成立強行の暴挙に抗議し、具体化を許さないたたかいを」の声明を発表しました。

01年９月11日に同時多発テロが発生するや、アメリカはこれへの報復と称してアフガニスタン、つづいてイラクへの無法な侵略戦争を開始、日本にも参戦するよう迫ってきました。小泉内閣は「武力行使との一体化はしない」との言い逃れを前面に「テロ特措法」（02年）、「イラク特措法」（03年）を強行、ついに戦闘地域への自衛隊派兵に踏み切りました。

憲法会議は、これが自衛隊の海外派兵にほかならないことを明らかにしたパンフレット、リーフレット等を作成して宣伝・学習運動をすすめ、03年12月14日には「シンポジウム＝輝け憲法21世紀の日本と世界に」を開催するなど、集団的自衛権行使を画策する小泉政権を厳しく批判しました。また、98年５月に発足した「新ガイドラインとその立法化に反対する国民連絡会」の一員として国会行動等を展開しました。

憲法調査会設置をめざして「議員連盟」

新ガイドライン改定作業が最終段階を迎えていた97年５月23日、共産党、社民党を除く衆参３６３人の議員が「憲法制度調査委員会」を国会の常任委員会として設置することを目的とする「憲法調査委員会設置推進議員連盟」を発足させました。「議員連盟」の会長に就任した中山太郎衆院議員が、「(憲法9条の「改正」という)基本的議論がないから、ガイドラインでも苦労する。…憲法解釈だけでしのいでいくのはもう限界」(『This is 読売』97年1月号)』)とその狙いを正直に語っています。この動きには、国民の強い反対があったため、２０００年1月に衆参両院に設置された憲法調査会は、議案提案権をもたないという異例の限定がつけられました。

アメリカではこの頃、「日本が集団的自衛権を禁止していることは、同盟間の協力にとって制約となっている。この禁止事項を取り払うことで、より密接で、より効果的な安全保障協力が可能となろう」(00年10月、アーミテージ報告)などと語られています。

憲法会議は、97年9月11日、シンポジウム「憲法改悪に反対する国民的共同を―憲法調査委員会設置に反対する」を開催、元山健・東邦大学教授らの報告を受けて各界の人びとから新ガイドラインと憲法改悪の動きに厳しい批判が相次ぎました。またシンポジウムに参加できない各界の広範な人びとからも、「憲法改悪には絶対反対です。したがって憲法調査委員会設置にも反対です」(郡司信夫・日本ボクシングコミッション理事)、「徴兵を視野に　のうぜんかずら垂る」(田中夕霞・俳人)等のメッセージが多数よせられました。

同時に憲法会議は憲法研究者の力を結集して、発足した憲法調査会の毎回の論議を『月刊憲法運動』誌上で分析・批判しつづけました。そして、２０００年7月からは、憲法調査会を中心とした情報の提供と、各地の運動交流を密にするため、ファックスで参加団体、地方組織に送信する「憲法しんぶん速報版」の発行を開始しました。

（3）共同に向けた新たな前進

5・3憲法集会を共同の力で

憲法会議は、80年の「社公政権合意」いらい、民主的諸団体と共同して時々の運動を発展させつつ、広範な個人との共同を探究しつづけてきました。しかし国会には憲法調査会が設置され、憲法改悪に賛成する議員が8割を超えるまでになっていました。

こうしたなか、既存の憲法組織である「憲法擁護・平和・人権フォーラム」は99年10月、組織の名称から「憲法擁護」をはずして「フォーラム平和・人権・環境」（平和フォーラム）に改組し、新護憲は完全に変質して99年6月、「憲法論議研究会」（論憲会議）に改組し公然と改憲論議にのりだしました。

情勢は、従来の枠組みにとらわれない国民的共同を強く求めていました。そうしたなか、90年代には自衛隊の海外派兵や強まる改憲の動きに反対する運動をつうじ市民団体などによる新たな憲法組織が生まれ、これらの団体も共同の広がりを模索していました。こうした思いが響きあって、2000年10月4日、一つの試みとして「懇談会・どこへ行く憲法調査会」が院内で開かれました。憲法会議、憲法を生かす会、キリスト者平和ネット、平和憲法21世紀の会、「今週の憲法」編集部、許すな！憲法改悪・市民連絡会、の6団体がよびかけたもので、共産党、社民党、新社会党の代表、労組、民主団体、市民団体らが、初めて一同に会してそれぞれの運動を交流しました。

そして6団体は「懇談会」の成功の上に、この共同を発展させ、01年5月3日の憲法集会を共同で開くことで合意しました。それまで、別々に行動をしてきた各団体が一つの集会をもつことは決して容易なことではなく、チラシの作り方、講師の選定、決議案、妨害者への対応等の一つひとつで考え方の違いが表面化しました。しかし、お互いが対等な立場で、一致点を追求するねばり強い努力がおこなわれ、ようやく「01年5・3憲法集会」の開催にこぎつけました。集会には、2000人の会場に5000人を超える人びとがつめかけ、国民のなかに共同してたたかうことへの期待がいかに大きいかを実証しました。集会では、澤地久枝、加藤周一両氏とともに共産、社民両党首がスピーチをしました。

共同の「5・3集会」は、その後毎年開かれています。そして、04年には憲法改悪反対の請願署名用紙を作成して共同の国会行動をおこない、05年には国民投票法案反対の院内集会や昼休みデモを行うなど、一致点での行動を拡大しています。

「九条の会」の発足

04年6月10日、井上ひさし、梅原猛、大江健三郎、奥平康弘、小田実、加藤周一、澤地久枝、鶴見俊輔、三木睦子の9氏による「九条の会」が発足しました。そのアピールは、「いま、九条を中心に日本国憲法を『改正』しようとする動きが、かつてない規模と強さで台頭しています」と指摘したうえで、「私たちは、平和を求める世界の市民と手をつなぐために、あらためて憲法9条を世界に輝かせたいと考えます。…日本と世界の平和な未来のために、日本国憲法を守るという一点で手をつなぎ、『改憲』のくわだてを阻むため、一人ひとりができる、あらゆる努力を、いますぐ始めることを訴えます」としています。

「九条の会」は、まず大阪、京都、仙台など全国主要都市で講演会を開きましたが、どこでも会場定員を大きく上まわる大盛況となりました。また、「会」のアピールに賛同する組織が全国の地域、職場、学校、さまざまな分野に広がり、その数は1年間で3千をこえました（11年秋には7500余）。そこには、これまでこうした運動に参加した経験をもたない人、さらには保守系の地方議員、首長らも積極的に参加し、主体的に活動しているのが特徴です。

「九条の会」が結成1周年の記念行事として、05年7月に東京・有明コロシアムで開いた講演会には9500人が参加、「9人が1万人に」と紹介されました（『サンデー毎日』8月21・28日）。「九条の会」はこの講演会で、①アピールに賛同する広範な人びとの参加する「会」を全国の市区町村、学区、職場、学校につくる、②相互に情報や経験を交流しあうネットワークを広げる、③大小無数の学習会をひらく、④ポスター、署名、意見広告などで九条改悪に反対する一人ひとりの意思を表明する――ことをよびかけました。

「九条の会」は、統一した方針をもって全国的な運動を展開することを目的に発足したわけではありません。しかし、国民の中に広く存在する9条擁護のエネルギーを引き出すことに大きく貢献することとなりました。そして、各地、各分野に結成された「会」はいま、それぞれの考えにもとづき、それぞれのやり方で運動を草の根に広げています。

憲法会議も、「九条の会」アピールが発表されるや、これに賛同し、各地で「アピール」に応えるために奮闘しています。

九、憲法調査会の報告書と改憲策動の展開

（1）憲法調査会報告書と改憲手続き法

憲法調査会の任務を逸脱した報告書

01年1月の発足から5年余を経た05年4月、衆、参の憲法調査会は、「調査」の結果をまとめた報告書をそれぞれの院の議長に提出しました。憲法会議は4月20日、声明「憲法調査会の報告書提出にあたって」を発表、①憲法調査会の任務は「憲法と現実の乖離」の実体や原因を「広範かつ総合的に調査」することにあったにもかかわらず、両院では改憲発言が相次ぎ、報告書も改憲に向けた論点整理のようなものになった、②この間の中央・地方の公聴会で多くの人びとから第9条をいかすべきとの声が出されたにもかかわらず、報告書は9条改憲の必要性をことさら強調している、③「概ね5年を目途」に調査をおこなうことに任務を限定して出発したにもかかわらず、報告書が「憲法改正国民投票法」についての論議や法案作成の道筋まで示したことは、調査会発足時の各党の合意を逸脱する行為―と厳しく批判しました。憲法会議は、この声明の立場を踏まえ広範な憲法研究者の協力を得て『月刊憲法運動』5月特別号「『憲法調査会報告書』総批判」を発行するなど、憲法調査会報告書批判の運動を展開しました。

こうして高まった内外の批判を無視し、改憲勢力は憲法調査会の機構を新たに発足させた憲法調査特別委員会にひきつぎ、通常国会終了3週間前の06年5月26日には、改憲手続法の自民・公明の与党案と民主党案が国会に提出されました。憲法会議はただちに声明「改憲手続き法案の国会提出に抗議し撤回を求める」を発表するとともに、法案提出前から「5・3憲法集会実行委員会」主催の国会行動や集会などの抗議行動を展開しました。

しかし自民・公明は07年5月、投票権年齢18歳以上や公務員の政治活動制限等に関するいくつかの付帯決議はつけられたものの改憲手続法案の与党案を強行しました。11年10月、憲法調査特別委員会の機能はさらに「憲法改正原案、憲法改正の発議」ができる憲法審査会へと引き継がれることになりました。

自民、民主が改憲案の競い合い

国会の動きと並行し、05年10月28日に自民党が「新憲法草案」を、同31日に民主党が「憲法提言」を発表、改憲案の競い合いを始めました。最大の焦点は9条2項です。

自民党「草案」は、9条第1項「戦争の放棄」はそのまま、第2項の「戦力の不保持・交戦権の否認」を削除して「自衛軍」を保持するとし、「自衛軍」は「国の平和と独立」だけでなく、「国際社会の平和と安全」を確保する任務を負うというものです。政府はこれまで、第2項があるかぎり、①自国が攻撃されていなくとも同盟国の戦争に参加すること（集団的自衛権の行使）、②武装した部隊を武力行使の目的をもって海外に送り出すこと（海外派兵）、③国連の活動であっても武力行使をともなう活動への参加（集団安全保障）は、「許されない」との解釈をとってきましたが（90年10月、工藤内閣法制局長官）、自ら課したこれらの制約をすべて取り払おうというのです。

民主党「提言」は、「国連憲章第51条に記された『自衛権』は、国連の集団安全保障活動が作動するまでの間の、緊急避難的な活動」であるからこれを認めるというものですが、それは個別的自衛権も集団的自衛権も認めるということにほかなりません。また、「多国籍軍の活動や国連平和維持活動（ＰＫＯ）への参加」も位置づけるとしています。

こうした改憲論議の背景には、集団的自衛権の行使を求めるアメリカのますます強まる圧力があります。05年10月29日におこなわれた日米の防衛、外交の閣僚による日米安全保障協議委員会（2＋2）の合意文書「日米同盟：未来のための変革と再編」は、「日米同盟は、日本の安全とアジア太平洋地域の平和と安定のための不可欠な基礎」としたうえで、「部隊戦術レベルから戦略的な協議まで、政府のあらゆるレベルで緊密かつ継続的な政策及び運用面の調整」のための協議機関の設置や、「共有された秘密情報を保護するために必要な追加的措置」など、共同作戦を現実のものとする法制の整備を打ち出しています。

ますます強まる改憲論議のなかで憲法会議は05年11月3日、シンポジウム「憲法9条の輝きを21世紀日本と世界に―自民党『新憲法草案』を斬る」を開催し、ブックレット『自民党「新憲法草案」は日本をどこに導くか』を発行するなど、これらの改憲案を厳しく批判し、各地でも改憲案批判の学習活動を旺盛に展開しました。また戦後60年の8月15日に、小泉首相が靖国神社に参拝したことに抗議し、12月17日には、シンポジウム「憲法・靖国と歴史の見方」を開催し、歴史的視野で憲法の現状を明らかにしました。

（2）明文・解釈両面から集団的自衛権行使へ

第1次安倍内閣の発足と集団的自衛権行使容認にむけた動き

06年9月20日、自民党総裁となった安倍晋三氏は首相就任の前から、5年という期限まで示し「新憲法を制定するためリーダーシップを発揮していく」、集団的自衛権行使を憲法解釈の変更で可能にする、などと語っていました。そして第1次内閣発足直後の所信表明演説（9月29日）では、「外交と安全保障の基本戦略を、政治の強力なリーダーシップにより、迅速に決定できるよう、官邸における司令塔機能を再編、強化するとともに、情報収集の向上を諮ります」と、前年の「2＋2」で対米公約になった国家安全保障会議（日本版NSC）の改組と秘密保護法の制定に意欲を示し、07年の通常国会に国家安全保障会議設置法改悪案を提出します。さらに06年12月には防衛庁を「省」に昇格させ、それまで「第8章雑則」の中に位置づけられていた自衛隊の海外派兵を、第3条「自衛隊の任務」にとりこみ、これを正式な任務とする自衛隊法の改悪を強行します。

さらに07年1月の年頭会見で、「集団的自衛権の問題を含め、憲法との関係ついて個別具体的な類型に即して研究をすすめる」と語り、4月、首相お気に入りメンバーで固めた私的諮問機関「安全保障の法的基盤の再構築に関する懇談会」（座長＝柳井俊二・元駐米大使）を発足させ、公海上を併走する米艦の自衛隊による防護、米国に向かうミサイルの迎撃など集団的自衛権行使にあたる4類型について現行憲法のもとで可能かを諮問します。

憲法会議は安倍内閣発足と同時に、同内閣が明文、解釈両面から集団的自衛権の行使容認をはかる危険な内閣であることを指摘、憲法公布60周年にあたる06年11月から07年5月までを「憲法施行60周年学習宣伝強化期間」に設定、①学習の強化や共同の前進に向けた独自の役割発揮、②団体間の交流や『月刊憲法運動』の拡大などの組織強化、③九条の会発展への貢献、をよびかけました。そして中央憲法会議が11月3日にシンポジウムを行ったのをはじめ、各地の憲法会議も連続憲法講座などを開催しました。また07年9月8日、東京と首都圏の憲法会議も協力し、第1回目の憲法講座「憲法をめぐる新たな局面と改憲阻止の展望」を開催、講座は以後毎年秋に開催されています。

７月の参議院選挙で自民党が大敗した後も安倍首相は、「（憲法改正については）私の任期中に結果を出していきたい」（７月29日テレビ番組）と語っていましたが、わきあがる国民の批判にたえられえず９月９日、ついに政権を投げ出しました。安倍首相が設置した安保法制懇はその後も論議をつづけ08年６月、４類型のいずれも可能とする報告書をまとめますが、安倍首相のあとをついだ福田内閣によって棚上げされました。

安倍首相が政権をなげ出した背景の一つには、同年10月に九条の会の数が全国で６７００を突破するなど、９条改憲反対の世論が草の根へと広がっていることがあります。読売新聞が１９８１年から実施している世論調査でみると、「憲法を改正する」と「改正しない」の割合に顕著な変化があらわれたのは、細川内閣誕生によってそれまでの「保守」「革新」の壁がとりはらわれた１９９４年で、以後「改正」が増え続け、「改正しない」が減りつづけました。そして２００４年に「改正」65・０％、「改正しない」22・７％とその差が最大に開きますが、その調査直後に「九条の会」が発足、以後「改正」は下降線、「改正しない」が上昇線を描き続けるようになり、08年には42・５％対43・１％に逆転し、その後は拮抗した状態が続いています。

１年ごとの首相の交代と進行する憲法破壊

安倍内閣の後、福田康夫内閣、麻生太郎内閣、そして政権が民主党に移った後も鳩山由紀夫内閣、菅直人内閣、野田佳彦内閣と、いずれも在任期間が１年前後の短命に終わる異常事態が続きます。政党の離合集散がつづき、野党らしい野党が日本共産党だけというもとで、つぎつぎと登場する内閣が、程度の違いはあっても国民に背を向けた大企業奉仕、アメリカ従属の憲法破壊の政治をすすめたことにその主要な原因があります。

07年9月に登場した福田内閣は、いったん参議院で否決されたイラク派兵の新テロ特措法を衆院で3分の2以上の多数で再可決して成立させ、翌年には自衛隊海外派兵恒久法の制定をめざしました。憲法会議は安保破棄中央実行委とともに5月27日、「自衛隊海外派兵と武力行使のための『派兵恒久法』提出阻止をめざす各界懇談会」を開いて全国に反対運動をよびかけ、6月20日には中央団体代表73氏の共同アピール「自衛隊海外派兵と武力行使のための恒久法案提出を阻止しましょう」を発表するなど、先制的な世論もりあげでこの企てを阻止することに貢献しました。

続く麻生内閣も就任早々から憲法解釈の変更で集団的自衛権を行使できるようにすべきなどと主張、任務遂行のための武器使用を認める「海賊行為対処法」をこれまた参院で否決されたものを衆院で再可決・成立させ、海外での武力行使をさらに1歩進めました。

こうした自民・公明連立政権に、国民は09年8月の総選挙できっぱりと「NO」の審判をくだし、国民の期待を担って誕生したのが民主党・鳩山政権です。

憲法破壊政治引き継いだ民主党政権

しかし鳩山内閣は、「国会改革」と称して「内閣法制局の答弁を金科玉条にしない」と言ってその国会答弁をやめさせたり、集団的自衛権に関する政府の憲法解釈変更を容認するかの発言をするなど国民の期待を裏切る政策をつぎつぎうちだします。憲法会議は5・3憲法集会実行委員会の主催による『国会改革』異議あり」（12月3日）の院内集会などで鳩山内閣批判を強めました。結局、鳩山内閣は普天間基地移設で住民の意思を無視した日米合意を結んだことや、小澤幹事長らの金権腐敗への批判の高まりのなか、9カ月で政権を投げ出しました。

つづく菅内閣も就任早々、「ムダを削る」と称して衆参選挙制度の比例定数削減を提唱したり、日米同盟の深化をめざす「動的防衛力」構想をうちだした「防衛計画の大綱」の改定、秘密保護法制定に関する有識者会議設置などの憲法破壊をすすめ、11年3月11日に発生した東日本大震災と福島原発事故への対応で批判をあび、政権をなげだしました。

なお、東日本大震災と福島原発事故は、自然災害と救援・復興、原子力行政の在り方など日本国憲法にとってもさまざまな問題を提起しました。この直後の5月3日の憲法施行64周年の東京のつどいが「東日本大震災の被災者に心を寄せ 生かそう憲法　輝け9条」をタイトルに掲げるなど、全国各地でこの問題を考えあいました。

次に登場した野田内閣の最初の仕事は憲法審査会の始動でした。憲法審査会の設置を定めた07年の国会法改悪時には衆参は「ねじれ」状態にあり、民主党の反対により審査会は発足できませんでした。しかし、「私は新憲法制定論者」という野田氏が首相になるや民主党は一転して賛成に転じ、審査会を発足させたのです。発足した審査会は、①日本国憲法及び日本国憲法に密接に関連する基本法制の調査、②憲法改正原案の審査、③憲法改正原案または国民投票に関する法案の審査、を行うとされています（審査会規定第1条）。

集団的自衛権行使容認に向けた条件づくりも野田内閣のもとで公然と強められ、首相の諮問機関として関係大臣や財界人、連合代表などでつくる国家戦略会議（議長・野田首相）のフロンティア分科会報告書は「能動的平和主義」を掲げ、「集団的自衛権に関する解釈等旧来の制度慣行を見直す」ことをうちだします（12年7月6日）。野党となった自民党もこうした動きに呼応し、自衛隊を「国防軍」とし、集団的自衛権の行使を公然とうちだした「日本国憲法改正草案」を作成（12年4月）、さらに明文改憲以前にも集団的自衛権の行使を可能とする「国家安全保障基本法案（概要）」を総務会で決定しました（12年7月）。

民主党政権のもとで大きく強まる明文・解釈両面からの改憲攻撃に、憲法会議は声明「憲法第9条を破壊策す相次ぐ集団的自衛権行使容認発言に抗議します」を発表（8月15日）し、『憲法問題学習資料集④—改憲をめぐる新たな情勢と憲法を生かすたたかい』の発行や、恒例化した10月の「憲法講座」などでも批判の論陣をはりました。

２０１２年12月の総選挙は民主惨敗、自民党「圧勝」と報じられました。しかし自民党の比例選挙の得票率は前回09年26・7％から27・6％で微増にすぎず、これに対し、民主党は42・4％から16・0％に激減というものであり、民主党３年間の政治にたいし国民が厳しい審判をくだした結果にほかなりません。しかし、その結果は改憲に特別の執念をもやす安倍内閣の再登場をもたらすことになりました。

一〇、「戦争する国」めざす安倍内閣の暴走

（1）〝ねじれ〟解消をテコに違憲の立法や閣議決定乱発

96条改憲先行の「現実的アプローチ」

12年12月に第2次内閣を発足させた安倍首相は、衆参両院で多数を確保したことをテコに暴走を開始しました。まず、発足後初の通常国会で、「憲法審査会の議論を促進し、憲法改正に向けた国民的論議を深めようではありませんか」と明文改憲への執念をむき出しにし、「まずは96条、憲法の改正規定を変えていこうと考えている」（13年2月28日、施政方針演説）と、96条改憲でその突破口を開く姿勢を打ち出しました。国会の改憲発議要件を衆参の3分の2から過半数に緩和し、まずは国民の「改憲慣れ」をつくりだしてから9条改悪に挑戦しようというねらいです。

改憲推進のマスコミからは、「安倍首相は、政党の考えが対立する条項ではなく、まずは多くの政党が賛同できる96条から改正に取り組む考えを示した。現実的な妥当なアプローチ」（3月4日「読売」社説）と歓迎の声があがりました。すでに11年6月には、民主、自民、みんなの党、国民新党など超党派の「憲法96条改正議員連盟」が結成されていることも念頭にあります。

憲法会議はリーフレット「いまなぜ96条改憲か」を作成、96条改憲は立憲主義の根本を否定し、9条改憲に直結するものであることを明らかにする学習・宣伝活動を展開しました。全国各地の「九条の会」なども安倍内閣のこの企てに敏感に反応して反対の声をあげました。注目すべきは憲法学者の樋口陽一氏や小林節氏、政治学者の中野晃一氏らによる「96条の会」の発足です。護憲派、改憲派の区別なく、立憲主義の破壊に反対するという一点で「会」を立ち上げ（13年5月23日）、シンポジウムなどをおこないました。

こうして世論調査でも96条改憲に「反対」が「賛成」を上回る状況が作り出され、安倍首相の96条先行改憲論は次第にトーンが低くなります。それでも自民党内では、石破幹事長が全国的に憲法問題での「対話集会」を開いていく方針を打ち出し、「九条の会が草の根の活動を続けている中で、こちらとしてもこういう取り組みを急がなければならない」と述べるなど（7月24日「赤旗」）、明文改憲への執念をもやし続けます。

「新たな防衛力のあり方」に踏み出す

同時に、安倍首相は明文改憲以前にも、国会の多数を背景に法律の制定や閣議決定の乱発によって9条破壊を拡大する暴走を加速させています。

まず、アメリカの意向をうけて第1次安倍内閣で提起していた2つの法律の強行です。

1つは国家安全保障会議（日本版ＮＳＣ）設置法の改悪です（13年11月27日）。首相が議長をつとめ、官房長官、外務大臣、防衛大臣を構成員とする4大臣会議に権限を集中し、外交、安全保障に関する方針を決定する戦争司令部として、アメリカの国家安全保障会議と連動させようというものです。

さらにアメリカと相互に情報の交換を緊密にし、共同作戦を円滑に行うための秘密保護法です。「何が秘密かも秘密」とするこの法律は、第1次安倍内閣が政権を投げだした後も民主党政権に作業が引き継がれ、第2次安倍内閣が成立するや「特定秘密の保護に関する法律案」として国会に提出、12月6日に採決を強行しました。

憲法会議は秘密保護法の内容をわかりやすく解説したリーフレット「ボクには関係ないよ　秘密保護法

なんて…」を発行、学習・宣伝の輪を広げるとともに、5・3憲法集会実行委員会の一員として、新聞労連、平和フォーラム等とともに「『秘密保護法』廃案へ！ 実行委員会」をつくり、署名運動等国会にむけた反対運動を展開しました。安倍首相の誤算は、法案の国会審議がすすむなかで、この実行委員会だけではなく弁護士会やペンクラブなどにも反対の声が急速に広がったことです。そして成立が強行された後もひきつづき法律の施行反対・廃止を求める運動として続けられています。

国会の審議も経ずに閣議決定（同12月17日）されたのが「国家安全保障戦略」、「新防衛計画の大綱」、「中期防衛力整備計画」です。外交・安全保障の中長期的な戦略を定める初の「国家安全保障戦略」では、安倍首相のいう「積極的平和主義」にもとづき「力には力を」の対中国政策を示すとともに、「わが国と郷土を愛する心を養う」と国民の内心にまで踏み込む記述が登場します。また新大綱、中期防では、本土防衛の義務は持たず、もっぱら侵略戦争の〝切り込み部隊〟の役割を担っているアメリカの海兵隊と同じような能力をもつ水陸機動団（仮称）を自衛隊に新設することや、北朝鮮のミサイル攻撃を想定して敵基地攻撃能力をもたせることなどをうちだしています。また、いたるところで軍事産業の育成が強調され、武器輸出3原則撤廃の閣議決定（14年4月1日）がなされただけではなく、「武器を輸出する日本企業向けの資金援助制度」、「輸出した武器を相手国が使いこなせるよう訓練や修繕・管理する制度」等の創設といったことまで検討しています（12月17日「東京」）。

この第2次安倍内閣発足1年間の暴走について、小野寺五典防衛大臣が「発足60年の節目の年に、防衛省は新たな防衛力のあり方を実現するための第一歩を踏み出すことになります」（14年版『防衛白書』）と語っているように、自衛隊の侵略的強化が新しい段階に進められました。

憲法会議は12月18日、声明「国家安全保障戦略、新防衛計画の大綱、中期防の閣議決定に抗議する―秘密保護法実施、集団的自衛権行使容認で日本を戦争する国にさせない!」を発表、こうした安倍内閣の暴挙を糾弾しました。

(2)集団的自衛権容認の閣議決定、そしてガイドライン再改定へ

安保法制懇報告書と安倍首相の裏切り

安倍首相は、第1次内閣時代に設置した「安全保障の法的基盤の再構築に関する懇談会(安保法制懇)」には、併走する米艦援護、アメリカに向かうミサイルの迎撃など4類型に限定して諮問しましたが、第2次内閣になって13年2月に再発足させた安保法制懇には、前回のような対象を限定せずに集団的自衛権行使全般の容認の可否を諮問しました。

安保法制懇は当初、13年秋までに報告書をまとめるといわれていましたが、14年2月4日までに6回の会合を開いた後は会議も開かず、第7回は報告書を発表した当日の5月15日になりました。国民の反対はもとより、内閣法制局を含む政府官僚、反対を表明する創価学会との関係から慎重な態度をとらざるを得ない公明党の思惑等々のさまざまな要因がからみ、報告書提出への抵抗が強まったためといわれます。

にもかかわらず安保法制懇報告書は、安倍首相の要求に忠実に応え、集団的自衛権全面容認と国連の集団安全保障への参加をうちだしました。ところが安倍首相は、安保法制懇が報告書を提出したその日の夕

方記者会見し、国家安全保障会議で論議しただけの「基本的方向性」なる見解を表明しました。そこでは「今回の報告書では、二つの異なる考え方を示していただいた。一つは個別的か集団的かを問わず、自衛のための武力の行使は禁じられていない。また、国連の集団安全保障への参加といった国際法上、合法な活動には憲法上の制約はない、とするものだ。しかし、これは、これまでの政府の憲法解釈とは理論的には整合しない」といって切り捨てました。そして「もう一つの考え方は、我が国の安全に重大な影響を及ぼす可能性があるとき、限定的に集団的自衛権を行使することは許されるという考え方だ」としてこれを受け入れる立場を表明しました。

それまでの方針を一変させた安倍首相のこの姿勢に、安保法制懇の委員からは、「私たちは政権のための駒だった」との声が出された（5月15日「朝日」）のも当然ですが、安倍首相としては、政府部内の異論や公明党の立場を配慮せざるをえなかったのです。

情勢の変化を理由に解釈を180度転換

安倍首相のいう「限定的」を決して言葉どおり受け取るわけにはいきません。それは安倍内閣が7月1日に行った集団的自衛権行使容認の閣議決定をみれば明らかです。

「現在の安全保障環境に照らして慎重に検討した結果、我が国に対する武力攻撃が発生した場合のみならず、我が国と密接な関係にある他国に対する武力攻撃が発生し、これにより我が国の存立が脅かされ、国民の生命、自由、幸福追求の権利が根底から覆される明白な危険がある場合」には、「必要最小限度」の集団的自衛権の行使は「許容」されるというものです。これに対し、今回の閣議決定と整合性をもつものとされている72年の政府見解は、国民の生命、自由、幸福追求の権利が脅かされた場合には「必要最小限度」の個別的自衛権の行使は許されるが、集団的自衛権行使はこの「必要最小限」の範囲を超えるものであり「許されない」というものです。「許されない」が「許される」に結論が180度転換する根拠として今回の閣議決定には「我が国の存立が脅かされ」るというあいまいな条件がつけ加えられましたが、主たる理由は「現在の安全保障環境」、つまり情勢の変化です。

しかし米ソの緊張関係が続いた時代には常に「ソ連の脅威」が強調されましたが、そのことを理由に明文改憲が主張されることはあっても、それまでの憲法解釈の変更が主張されたことはありませんでした。権力者の権力行使のあり方を縛るはずの憲法の解釈を、時々の権力者の情勢に対する見方を理由に180度転換することが許されるなら、憲法は憲法としての役割を果たすことができません。

実は、もともと安倍首相は集団的自衛権についての独特の考えの持ち主なのです。安倍首相は自民党の幹事長時代、「(必要最小限度の自衛権行使という) 範囲の中に入る集団的自衛権行使というものが考えられるか」という質問をしています(04年1月26日、衆院予算委員会)。「必要最小限」というのは「これは量的な制限なわけで、絶対的な『不可』ではない。少しの隙間があるという議論もある」という〝持論〟にもとづく質問です(『論座』04年2月号)。しかし、この質問にたいし、当時の秋山収内閣法制局長官は、「必要最小限」というのは「数量的な概念」ではなく、「わが国に対する武力攻撃の発生」という「自衛権行使の第一要件」を言っているのであり、集団的自衛権はこの要件を満たしていないから憲法上許されないのだと明確に安倍氏の議論を否定しています。

ところで安倍首相はその「限定的」な集団的自衛権行使の例として、しばしばホルムズ海峡が機雷封鎖され、日本への石油の輸送が困難になった場合に自衛隊の掃海艇がこれを除去する例をあげています。機雷掃海は地上戦のような戦闘行為ではないから「限定的」だというわけです。しかし、そうした事態が予想されるのはイランがアメリカと戦争をした場合です。その戦場に自衛隊が出て行って機雷除去をおこなえば、イランが自衛隊を攻撃することは当然です。これに自衛隊が反撃すれば、日本はイランとの全面戦争に突入することは明白で、とても「限定的」などといえるものではありません。

憲法会議はこうした動きに『月刊憲法運動』「憲法しんぶん」で反撃キャンペーンを展開するとともに、リーフレット「憲法9条をかえなくても『戦争する国に』」を作成、大量宣伝活動にとりくみ、閣議決定が強行されるや声明「安倍内閣による集団的自衛権行使容認の『閣議決定』を糾弾する」を発表、「政府が長年にわたって自らに課してきた制約…を一内閣の恣意的判断で180度転換することは、主権者国民に対する二重三重の背信」と糾弾し、「広範な国民との共同を広げ、個別法の改悪による『戦争する国』づくりに向けた暴走を阻止し、安倍政権の軍国主義の野望を打ち砕くために奮闘する決意」を表明しました。

この立場にたって、「5・3憲法集会実行委員会」を中心に新たに「解釈で憲法9条を壊すな！実行委員会」を結成、自治労や日教組などが事務局となっている「戦争をさせない1000人委員会」との共同を実現させ、国会に向けた数次にわたる抗議行動を展開しました。また、全労連、民医連などでつくる「戦争する国づくりストップ！憲法を守り・いかす共同センター」（憲法共同センター）が新たに憲法会議も参加して14年5月30日再発足し、これらの団体と呼応した運動をするようになりました。3団体は新たに「戦争させない・9条壊すな！総がかり行動実行委員会（略称・総がかり行動実行委員会）」を結成しました（14年12月15日）。

ガイドラインの再改定で地球の裏側にまで

7月1日の閣議決定について、ヘーゲル米国防長官は「この大胆かつ画期的な決定について法整備すると、地域及び世界の安全保障に対する貢献は増大する」、「日米ガイドラインは画期的な形での改定が可能になる」と強い期待を表明しました（7月11日）。10月8日に日米政府が発表したそのための「中間報告」でも、ガイドライン改定では「閣議決定の内容に従って日本の武力行使が許容される場合における日米両政府間の協力について詳述する」としています。もともと、集団的自衛権行使容認のための安保法制懇報告書から閣議決定へのプロセスは、「(ガイドライン改定に)間に合うよう方針が固まることが理想的だ」(安倍首相、5月29日、参院外交防衛委）との発言にみられるように、13年10月の日米防衛協力委員会（2＋2）で合意した「14年末の日米ガイドライン改定」というスケジュールから逆算したものでした。

「中間報告」でもその改定の大まかな基本的方向が明らかにされています。

まず現在のガイドラインでは、①平時、②日本有事、③日本周辺地域における事態（周辺有事）の3つに分類されている日米の軍事協力を、①日本の平和および安全、②地域およびグローバルな平和と安全、に分類しなおし、「切れ目のない、力強い、柔軟かつ実効的な協力」をおこなうとしています。つまり、日米は時間的、地理的限界などを設けないで日常的に軍事協力を行うということです。

その結果、まず97年ガイドラインの「周辺事態」という言葉が消え、代わって「日米同盟のグローバルな性質」が前面に押し出されています。つまり、日米の共同作戦のためには、自衛隊は地球の裏側であっても出かけていきます。そして「中間報告」は、自衛隊が支援する具体的内容として、平時からの米軍部隊（装備品等）の防護や、戦時の「後方支援」、「防空ミサイル防衛」など12項目を列挙しています。

もう一つは、97年ガイドラインでは自衛隊による米軍支援は、「戦闘が行われている地域とは一線を画される」地域でおこなう「後方地域支援」とされていたのにたいし、この定義をやめ、従来からの軍事用語である「後方支援」を使うとしています。つまり、「戦闘地域」と「非戦闘地域」の区別なく、米軍への支援をおこなうということです。当然、米軍が戦っている相手国から自衛隊に武力攻撃がなされれば、自衛隊は武力で反撃することになります。

事態の発生場所や日本の安全と無関係に対米協力の新たな枠組みをつくるもので、具体的には「後方支援」のほかに「国際的な人道支援」、「情報収集、警戒監視及び偵察」など7項目をあげています。

矛盾激化でスケジュールに遅れ

ところが安倍内閣の描いたスケジュールが大幅にくるってきています。前述のように安保法制懇報告が大幅に遅れ、続いて秋の臨時国会で行われるはずだった関連国内法の「整備」も、さらにガイドライン改定そのものも15年の一斉地方選挙の後に先送りとなりました。安倍内閣の暴走が日本国民との矛盾を拡大しているからです。

日本国民の集団的自衛権行使容認反対の世論が急速に広がっています。それは「安倍内閣が進めている集団的自衛権の行使を認めて、自衛隊の活動範囲を広げることが、平和への積極的貢献になると思いますか」の問いに、「思う」29・8％、「思わない」53・8％という世論調査結果（日本テレビ15年1月16～18日）でも明らかです。

今後閣議決定を具体化する法案が出されれば、「戦争する国づくり」の実態が具体的に浮かびあがることは確実であり、そうなればこの批判はさらに高まらざるをえません。

たとえば地域的限定を取り払うため周辺事態法の根本的見直しが必要になります。日本への「武力攻撃」があった場合に限定している自衛隊の「防衛出動」の規定の改悪も欠かせません。すでにガイドラインの改定を見越して13年末に閣議決定した防衛計画の大綱や中期防衛力整備計画では、自衛隊に海兵隊能力や敵基地攻撃能力を持たせること等を盛り込んでいることから、自衛隊の出動規定や武器使用原則をみなおす自衛隊法、ＰＫＯ等協力法、武力攻撃事態法の改悪も必要です。また、自衛隊の海外派兵のたびに法律を制定する「特措法」方式をやめ、いつでも、どこへでも派兵できる派兵恒久法の制定も企てられています。これら一つひとつの法案を丁寧に審議していたら、時間がかかるだけでなく、つぎつぎと憲法破壊の実態が浮き彫りにならざるをえません。そこで、「全て盛り込まれるような、一括的な法案を提出できることをめざしている」（中谷元防衛大臣、14年12月24日記者会見）ということになります。

こうした日本の動きに中国、韓国などは警戒の姿勢を強めています。

さらにアメリカです。長くつづいたアフガニスタン戦争、イラク戦争によってアメリカは深刻な財政難に陥り、さらに国民の厭戦気分が広がってアメリカの影響力低下は誰の目にも明らかになっています。そのためオバマ政権が、日本が集団的自衛権を行使しアメリカの世界戦略の補完的機能を強めることを望んでいることはいうまでもありません。しかし、そこには安倍首相が靖国問題や慰安婦問題などにみられる特異な歴史観で中国や韓国と緊張を高めていることとのジレンマもあります。「集団的自衛権が『ナショナリズムのパッケージで包装』される、つまりは『良い政策が悪い包装』で包まれるならば近隣諸国との関係を不安定にさせる」（ジョセフ・ナイ「朝日」14年３月16日）からです。アメリカは中国との関係ではかつてのような敵視政策一辺倒ではなく、話し合い外交の余地も広げています。７月11日におこなわれた日米の防衛首脳会談で、ガイドライン改定に際して「周辺諸国に対し透明性を高めていく」ことがわざわざ確認されたのもそのあらわれです。

すべてを先送り、総選挙へ

そこでいきなり解散・総選挙です。アベノミクスの破たんが誰の目にも明らかになりつつあり、安倍首相の「戦争する国」づくりに向けた暴走に対する反対が日を追って高まるなか、改めて強権体制を確立してから暴走を加速させようというわけです。憲法会議は、声明「集団的自衛権行使容認ストップ、憲法を生かす政治への転換のチャンスに―衆議院解散にあたって」を発表、この挑戦に正面から立ち向かうことをよびかけました。

総選挙の結果、自公与党が3分の2を超える議席を獲得したことから、安倍首相はさっそく憲法の明文改悪とガイドライン改定に向けた安全保障法制整備に向けて突進する決意を表明しました。しかし「自公圧勝」といっても改選時比自民党マイナス4議席、公明党プラス4議席であり、それも小選挙区制という民意を極端に歪める選挙制度の助けで得た結果にほかなりません。安倍内閣の憲法破壊政策に熱いエールをおくつている「読売」でさえ、与党の勝利を「内閣や自民党への積極的支持によらない『熱狂なき圧勝』」と評価せざるをえません（14年12月17日付）。むしろ注目すべきは、他の諸政党が自衛隊や安保条約容認など何らかの形で自・公与党の補完勢力となっているなかで、自民党と正面から対決した唯一の政党である共産党が8議席から21議席に躍進したことです。国民の少なからぬ部分はこれまでのように「二大政党」でも「第三極」でもなく、自公の暴走阻止への期待を共産党への支持によって表明したものといえます。

いま求められているのは、この国民世論に依拠し「戦争する国づくり」反対の国民的な共同をさらに大きく広げ、草の根からの世論で安倍内閣を包囲していくことです。

一一、むすび ― 50年の歴史をふりかえって

憲法会議は、60年の安保改定、64年の内閣憲法調査会の報告書提出がもたらした戦後改憲攻勢の第2のピークのなかで発足し、いま、「戦争する国」づくりに向けた憲法破壊攻撃が戦後最大の規模で展開されているなかで結成50周年を迎えました。この50年間は、日米軍事同盟優先、大企業奉仕の政治のもとで、日本国憲法の平和的・民主的条項にたいする明文・解釈両面からの改憲攻撃との息つくひまもないたたかいの連続でした。

憲法会議がたどった3つの時期

憲法会議の運動の面からこの50年の歴史をもう一度大まかに振り返ってみると、それは3つの時期に分けることができます。

《第1期》 65年の発足から80年の社公政権合意までの時期です。この時期、50年代からすすめられてきた経済の「高度経済成長」政策が国民生活との矛盾をあらゆる面で激化させるとともに、60年安保改定をうけて日本はアメリカのベトナム侵略戦争の最前線基地にさせられていました。日本国憲法とはまったく相容れないこの現実を、日米支配層は憲法を改悪してさらに強化しようと、内閣憲法調査会の報告書をテコとした改憲キャンペーンや改憲議席確保をめざす小選挙区制導入の企てを執拗に展開しました。

こうしたなかで憲法会議は、憲法調査会報告書批判や小選挙区制反対運動などの明文改憲阻止の運動と、「憲法じゅうりん告発運動」など日常生活のなかで憲法の侵害に反対しこれを生かす運動を統一的に推進しました。

同時に憲法会議は、朝日訴訟や恵庭事件の支援運動等をつうじ総評や護憲連合等との共同を実現させ、

72年の小選挙区制粉砕中央連絡会議の運動では護憲連合とともに事務局を担う中心的役割を果たし、これを阻止することに貢献しました。

総じていえば、この時期は自民党の歴史的退潮傾向が顕著になるなかで革新勢力の共同が拡大し、憲法をくらしに生かす革新自治体をめざす運動が大きく前進するとともに、国政の革新についての展望が語られるまでになっていました。

《第2期》 70年代までの流れは、80年に安保・自衛隊問題は棚上げ、共産党を政権共闘から排除するという社公政権合意によって大きく転換させられます。自民党政権による憲法破壊と明文改悪をめざす政治にすりより、反共分裂を推進するこの流れは91年のソ連崩壊によってさらに加速されます。国会内における「オール与党」化が進行するなかで自衛隊の海外派兵が始まり、社会、公明も加わった連立政権によって小選挙区制が強行されました。そして湾岸戦争ではじまった自衛隊の海外派兵は、「安保再定義」のなかで集団的自衛権の行使に足を踏み入れていきます。

社公政権合意路線は社会党と密接な関係にあった護憲連合、総評の運動にそのまま持ち込まれ、それらの団体は憲法運動における憲法会議との共同の場から一斉に撤退しました。

憲法会議は全労連、全国革新懇などの民主団体と協力して悪法反対の運動を展開するとともに、新たに学者・文化人等による共同アピールや懇談会など広範な個人との共同の道を切り拓き、憲法改悪に反対する陣地を守りつづけました。

《第3期》 2000年代に入ると、01年に国会に憲法調査会が設置されて国会における改憲論議が日常化し、06年には自民党、民主党の改憲案が発表されるなど憲法改悪案を具体的な政治日程にあげようとする動きが強まります。自衛隊の海外派兵も日常化しました。

これに対し、改憲反対運動の側の緊張感が強まり、従来の枠組みを超える新しい共同が前進しはじめました。5・3憲法集会実行委員会の発足、大きな広がりをつくりだした九条の会の運動はそうした前進の柱となっています。この共同は第2次安倍内閣の暴走が始まるや、5・3実行委員会自身が結集する団体を広げただけでなく、新たな枠組みで大規模な5・3憲法集会がとりくまれるとともに、立憲主義擁護、秘密保護法反対、さらには消費税10％増税反対やＴＰＰ反対などの「一点共闘」がつぎつぎと実現しています。

憲法会議がひらいた新たな境地

この50年を通じ、憲法会議の運動は、国際的に例をみない「憲法運動」という新しい境地を開くことに少なからぬ貢献をしてきました。

第一は、それまでの「護憲運動」が憲法の条文改悪＝明文改憲阻止の運動に矮小化されがちだったことにたいし、憲法会議は憲法じゅうりんと明文改悪に反対し、憲法の諸条項、とりわけ平和的・民主的条項の完全実施をめざす運動を一体のものとして取り組んできました。その結果、憲法は政治や法律の世界だけの問題だけでなく、国民一人ひとりの日常生活のなかの問題であるとの受け止めが広がりました。

第二は、特定政党支持を前提にしたそれまでの「護憲運動」のセクト主義を乗り越え、改憲反対運動の統一と団結を追求したことです。既存の「護憲組織」が共同の運動から撤退し、国会に「オール与党」的状況がうまれるなかで、広範な個人との共同をつねに探求し、さまざまな悪法を阻止し、明文改憲をいまもって許してはいません。そうしたなかで9条改憲に反対して保守層を含めて共同を実現する例や、9条改憲賛成者を含めて立憲主義の破壊に反対する共同を実現する例も生まれています。

第三に、憲法会議は、憲法学者など専門家の協力も得て、国民主権、平和主義、基本的人権、議会制民主主義、地方自治という日本国憲法の平和的・民主的諸条項が国際的にも先進的・先駆的なものであることを明らかにする学習・研究活動をいっかんして重視し、国民が日本国憲法の基本原則に対する確信を深めることに貢献してきました。それは、14年7月のＮＨＫ世論調査結果にもあらわれています。

◎憲法９条は、戦争を放棄し、戦力をもたないことを決めている憲法９条の戦後果たした役割を評価しますか……非常に評価する・ある程度評価する76・52％／あまり評価しない・まったく評価しない16・1％

◎集団的自衛権を行使するようになったことで、日本が戦争に巻き込まれたり、ほかの国から侵略を受けたりする危険が大きくなったと思いますか。小さくなったと思いますか。…危険が大きくなった43・7％／危険が小さくなった11・0％／変わらない36・6％

◎これからの日本を守っていくために、今、最も重視すべきことは何だと思いますか……武力を背景にした抑止力９・４％／武力に頼らない外交53・４％／民間レベルでの経済的・文化的交流26・0％

この国民意識が、自衛隊の問題一つとってもこれを違憲と指摘するのは政党では日本共産党だけという政治状況のもとで、日米支配層の明文・解釈の改憲攻撃にブレーキをかけ、明文改憲を今もって許していない力となっていることは明らかです。

この50年の歴史の教訓を生かして、当面する激しい憲法破壊の攻撃を打ち破り、憲法が花開く日本をめざし、新たな一歩を踏み出そうではありませんか。

Ⅱ 憲法運動・憲法会議と私

回想・憲法運動と私 ——岩手・宮城両県の憲法会議に関わって

宮城教育大学名誉教授・宮城憲法会議代表委員　伊藤《いとう》　博義《ひろよし》

はじめに

憲法改悪阻止各界連絡会議（憲法会議）が結成された1965年当時、私は盛岡市に住んでいたので、そこから私の憲法運動は始まりました。その後、仙台市に移住して1979年の宮城憲法会議の再建に事務局長として関わりましたが、1993年に宮城教育大学長に選出された際に憲法会議の代表委員を辞しました。1996年から2010年まで宮城県社会保障推進協議会（宮城社保協）の会長を務めましたので、憲法会議代表委員への復帰を要請されても、「市民運動の顔は、一つでいい」と固辞してきました。

2006年に「みやぎ憲法九条の会」の結成に参加し、世話人・事務局員として現在に至っています。昨年度からは、宮城憲法会議の小田中聰樹氏（東北大名誉教授）が体調を理由に代表委員を引退され、その補充として代表委員に復帰しました。今は、九条の会と憲法会議との両方に関わっており、私の憲法運動は間もなく半世紀を迎えます。一緒に闘った人たちで既に他界された方も少なくありません。

2012年12月の衆議院総選挙で自民党が大勝して第2次安倍内閣が発足しましたが、2013年7月の参議院選挙でも自民党などの改憲政党が過半数を占め、9条をはじめとする日本国憲法は施行以来の最大の危機に直面しています。これまでの歩みを回想しながら、引き続き憲法改悪阻止、憲法の平和的・民主的条項のじゅうりんに反対する道を一筋に歩んでいきたいと思っています。

1．岩手憲法会議の発足

１９６5年1月30日、末川博、広津和郎、羽仁説子さん等、各界を代表する33氏による「よびかけ」が出されました。「よびかけ」は、「いまこそ、憲法のじゅうりんに反対して平和的、民主的条項をいっそう強めるとともに、憲法の公然たる改悪を阻止する一大国民運動を発展させなければならないときです」、「改憲阻止の広範な運動を発展させるための推進力として憲法改悪阻止各界連絡会議を結成することが急務である」でした。

この「よびかけ」に応えて、同年3月6日、中央連絡会議が結成され、次いで東京・京都でも憲法会議が結成されて機運が高まっていく中で、3月28日、全国活動者会議が開かれ、32都道府県１２０名の代表が参加しました。岩手県からも私を含めて3名が参加しましたが、この会議で「5月5日の中央集会までに全都道府県に憲法会議を結成する」旨の決議が採択されました。

各界を代表する「よびかけ人」の確保

帰県後、直ぐに数人の有志で結成準備にかかり、広く「県内よびかけ人」の依頼折衝や準備会を重ねながら、5月4日、県議会合同会議室で結成総会にこぎつけました。短期間の準備作業でしたが、「県内よびかけ人」を引き受けて頂いた28名の中には、現職の水沢市長・前沢町長・県会議員（社会党系）・元宮古市長・元岩手大学長・県仏教会会長・釜石漁連会長・病院長・弁護士・労働組合委員長・平和団体代表等が含まれていました。紙数が限られているのでお名前を記すことはできませんが、県内の各界を代表する錚々たる方々が名を連ねて下さり、この他にも「岩手大学教師団」として35名が賛同を寄せられました。かつて、これだけ幅広い個人・団体の結集が岩手県史上あったでしょうか。

総会の席上、よびかけ人のお一人である県開拓審議会委員（元県教育委員長）の伊藤勇雄氏が、「こういう組織が作られるのを今まで待っていた」と、力強く語られたことが印象に残っています。このように短期間のうちに県内各界の著名人を「よびかけ人」にできたのには、「縁の下の力持ち」として奮闘された藤本正利氏の存在がありました。藤本さんは、入会権闘争の小繋事件の農民を支援されていましたが、お人柄と深い学識とで幅広い人脈を作っておられたのです。残念ながら、藤本さんは２００１年12月に亡くなられましたが、その逝去は朝日新聞の「惜別――忘れ得ぬ人たち」欄（２００１年12月26日）に、「闘う農民に生涯伴走」の見出しで報じられました。

岩手憲法会議の活動

岩手憲法会議の役員体制は、代表幹事に高橋清一氏（弁護士）他3名、常任幹事には浅沼悟朗氏他7名の個人と自治労、医大労組、新婦人、岩大自治会ら17団体の代表、事務局長は長崎明氏（岩大教員）で、私は事務局次長でした。当時、私は盛岡市立法経学院の専任講師でした。一年後に長崎先生が新潟大学に移られたので事務局長になりました。新潟大学長を務められた長崎先生は今年逝去されました。

総会では丸山 健氏（東北大学教授）に記念講演をお願いし、その後も畑田重夫氏や鈴木安蔵氏等をお呼びして、憲法学習や憲法運動について学びました。中央憲法会議幹事長の阿部行蔵氏（東京都立大教授）にお出で頂いた折には、大学卒業直後の川村俊夫氏（現・代表幹事）が事務局員として付き添ってこられました。

日常活動としては、世話人会を定例開催して憲法情勢や加盟団体の活動内容を報告し合って討議したり、「岩手憲法会議通信」をガリ版刷りで定期発行しました。また、憲法改悪を企んだ小選挙区制導入の動きを阻止するための宣伝・学習活動を活発に行いました。

憲法じゅうりん告発運動

結成当初、憲法会議は「憲法改悪に反対するという一点で、思想、信条、政党、政派のちがいをこえすべての国民が一致できる」という立場から、身近な生活と権利を守る運動を、「憲法のじゅうりんに反対し、憲法の平和的・民主的条項の完全実施を要求する」運動として位置付けることが追及されました。

そこで、岩手憲法会議の「憲法じゅうりん告発」運動として、１９６７年11月に石川啄木の生地・岩手県玉山村で発生した事件、すなわち、同村の好摩沢開拓地で両親に置き去られた幼い兄妹が寒さと飢えで死んだ事件に取り組むことにしました。同事件は、あまりにもむごい幼児の死が強い衝撃を与えたのですが、マスコミは父親の異常な性格による犯罪として報じていました。確かに、錠をかけた家の中に子どもを閉じ込めたまま出稼ぎに行くなどは、通常考えられない所業であり、反人道的な犯罪行為に違いありません。

しかし、私たちはこの事件を単に父親の異常さのみで片づけてしまっていいだろうか。当時、都会へ出稼ぎに行ったまま行方不明になる「人間蒸発」の事例や、家の火災時に飼牛を救い出すことに懸命で、取り残された幼児の焼死事件などが県内各地で発生していました。もっと、事件の真相や社会的背景を突っ込んで調査し、私たちの生活との共通問題を明らかにする必要があるのではないかと考えたのです。そのことは、「憲法じゅうりんを告発する国民運動」を進めようとしている憲法会議が取り組むべき課題であるとして現地調査をおこない、開拓農家の実態や福祉行政の問題点に迫りました。

その報告書を『幼な子の死は訴える――玉山村幼児餓死事件』（1968年1月）にまとめました。このパンフレットは反響があって、憲法会議の全国集会に出席した際には、代表幹事の風早八十二氏から絶賛されました。同氏が『日本社会政策史』の著者であることは知っていましたから、私の方こそ感激したものです。また、代表委員の鈴木安蔵氏からは、「ご苦心の調査報告『幼な子の死は訴える』を拝受し、並々ならぬ御努力に打たれています。中央での仕事を、これから、諸兄のこのような切実な発言と、何とかしてもっと結合させて、双方の発展に役立てたいと考えます」と、丁重なお便りを頂きました。同氏は日本国憲法の制定に大きな影響を及ぼした憲法研究会の中心メンバーであり、映画『日本の青空』の主人公ですから、その葉書は今も大切に保管しています。

同調査報告書は、事務局長の私がまとめたものですが、調査団に加わって開拓農業の実態分析を担当された小野寺三夫氏（岩大教授）は、昨年3月に他界されました。

岩手在住の11年間、福祉労働に従事したり、労働運動や憲法運動などで過ごした私は、1968年4月に東北大学法学部助手として仙台に移住しました。さまざまな実践活動を通じて本格的な研究活動の必要を痛感していたのです。

2．宮城憲法会議の再建

宮城県でも1965年5月に憲法改悪阻止宮城県各界連絡会議（宮城憲法会議）が発足しました。仙台は東北最大の都市だけあって人材が豊富で、結成準備委員79名のうち、弁護士は17名、大学教員は16名、その他、仙台市議会議長、元衆議院議員（社会党）等、今では考えられないような豪華な顔ぶれがズラリと並んでいます。（『宮城の憲法運動――憲法施行40周年記念』（『40周年誌』）宮城憲法会議１９８７年参照）

華々しく船出した宮城憲法会議でしたが、数年後には休眠状態になりました。そのことについて、当時の事務局長・佐藤郁生氏（東北大農学研究所・故人）は、次のように語っておられます。「これだけ広範な『発起人』をつらねながら『憲法会議』の運動が大きな発展を見ることができなかった最大の要因は事務局の体制が弱かったことにある、と私は思っている。事務局は中央法律事務所に置かれたが、『憲法会議』の実務を担当する人を配置できなかった。事務局体制の整備を軽視した私のために、齋藤弁護士にも随分迷惑をおかけした。この苦い教訓は、今後の『憲法会議』の運営と発展のなかに是非とも生かす必要があると思っている」と、『40周年誌』で述懐されています。

大都市・仙台市を含む宮城では、岩手の場合とは異なって、憲法関連のテーマであってもそれぞれ個別テーマ毎に市民団体が組織されており、憲法会議独自の運動が難しかったことも停滞した要因であったと思います。事実、小選挙区制反対の運動では、憲法会議が作成したリーフレットをもとに講師団が編成され、学習会が随所に持たれたとのことです。憲法会議の再建に最も心を砕かれたのは齋藤忠昭弁護士でした。齋藤さんは、１９６６年10月に松島で開催された東日本ブロックの憲法会議代表者会議に、私が岩手県の事務局長として参加したのを覚えていて、１９７９年の憲法会議の再建にあたって私に協力を要請されました。宮城憲法会議の再建に奔走され、それを見届けた齋藤さんは、１９８１年5月に逝去されました。今は、葛岡墓地に眠る彼の墓碑には、「21年間の弁護士活動を通じ、人間の尊厳と自由のための闘いの半ば、45歳にて逝く」と刻まれています。

再建後の活動

再建直後の活動については、『40周年誌』に私が寄稿しているので省略しますが、事務局体制の強化と幹事会の定例化を図りました。それが活動の基本だからです。また、毎年の定例総会には、再び休眠状態に陥ることを危惧して、中央憲法会議の川村さんが必ず出席されました。総会議案の全国情勢については「川村報告をもって代える」という慣行が最近まで続いていました。その他、定例的な行事として5月3日の憲法施行記念日と11月3日の憲法公布記念日に一定規模以上の県民集会を開催すること、両方の集会の間には、年5〜6回の頻度で小規模の憲法学校を開催することを決めました。

第1回の県民集会は1979年11月、黒田了一氏（元大阪府知事）を講師に「80年代を展望する憲法」をテーマとして集会をもちました。県民集会は、当初は憲法会議の単独開催でしたが、今では「5・3憲法を活かす宮城県民集会」として、宮城憲法会議、宮城県護憲平和センター、憲法を守る市民委員会の3団体の共催で、毎年5月3日に開催しています。

また、第1期（1979年）第1回の憲法学校は、樋口陽一氏（東北大教授）の「憲法とは何か」というテーマで開校しました。それ以後、憲法学校は継続しており、来年は第35期を迎えます。その後、東京大学に移られた樋口さんは、『40周年記念誌』に「国際的責任と日本国憲法」と題する文章を寄稿されており、冒頭に「仙台の憲法会議のOBのひとりとして、何よりも、地道な活動を続けてきた仙台の仲間たちから、憲法記念日にむけてのパンフレットの原稿の督促をして頂いたことをうれしく思っている。」の書き出しで、ヨーロッパ諸国等の大学で憲法の講義・演習を通じて得た学生たちの様子を語られ、「私たちは、日本国憲法をもつことによってこそ、胸を張って国際的責任をはたしてゆくべきなのである」と強調されています。

市民の憲法行事は、同様の行事を東京都日野市が自治体として開催しているのを当時、事務局長であった山田忠行弁護士が見つけてきて、「これは面白そうだ。憲法会議でやれないだろうか」と幹事会で提案して、1985年5月から始まって以来、毎年続いてきており、今年は36の企画が参加しています。

以上の諸活動は、『宮城の憲法運動 ―― 憲法施行60周年記念』（宮城憲法会議・2008年）に詳細に記録されています。同誌の編集委員長・安孫子 麟氏（元東北大学教授）は、共同代表が次々と交代する中で、30年にわたって代表委員を務めておられます。

3. みやぎ憲法九条の会

2004年6月、加藤周一、小田実、井上ひさし氏等、日本の良識を代表する9氏による「九条の会」アピールが発表され、それに応えて「九条の会」は、燎原の火の如くに全国に広がりました。宮城県でも、2006年3月に「みやぎ憲法九条の会」が結成されて現在に至っています。私も呼びかけ人・世話人・事務局員として、これに参加しました。

「九条の会」の呼びかけ人の一人である奥平康弘氏（東大名誉教授）は、「九条の会は、オーバーラッピング・コンセンサスの運動である」と言われました。これは「重複し合う同意」・「部分的な一致」という意味でしょうが、憲法改正のためには国民投票で過半数の賛成が必要ですから（憲法96条）、たとえ理由が異なっても「憲法9条を守る」という一点で一致する人たちとは共同できるわけです。その点では、防衛省元幹部三人による共著、『我、自衛隊を愛す故に、憲法9条を守る』（かもがわ出版・2007年）があります。

２００８年2月、「みやぎ憲法九条の会」結成の呼びかけ人のうち、保守系の市町村長経験者を含む「憲法九条を守る首長の会」が14名の参加で結成されました。現職時代には全国市長会や全国町村長会の副会長を務めた方もおられて影響力は抜群であり、その動向は地元紙の『河北新報』でもとりあげられています。これを「みやぎ憲法九条の会」が応援して、全国の現・元市町村長宛に「アピール」を発信しました。この会は、対象を「宮城県」に限定せず、目下「東北六県の首長の会連絡会」の２０１４年度発足をめざして取り組んでいます。

３・11東日本大震災では、沿岸部の地域九条の会では役員が亡くなられたり、家が壊滅したりで甚大な被害を受けました。みやぎ憲法九条の会では全国から寄せられた義援金を被災地に届けましたが、未だ復旧・復興は「前途 程遠し」の感があります。

むすびにかえて

憲法会議は、その発足当時は「憲法改悪阻止各界連絡会議」の名にふさわしく、国民各層の幅広い運動をめざしたのですが、現在では、その役割は、全国で７５００を超える「九条の会」が果たしています。「九条の会アピール」の賛同者が有権者の過半数を超える市町村もいくつか現れており、憲法改正手続に要する国民投票における過半数の成否は、九条の会運動にかかっていると言えるでしょう。

「もう、その役割を終えた憲法会議は発展的に解散すべきか」との声も聞こえてきます。しかし、憲法会議は、九条だけでなく憲法全体を運動課題としており、憲法運動の理論誌である「月刊憲法運動」は通巻426号、情報紙「憲法しんぶん」は492号（2013年12月現在）に達しています。

私は憲法会議の役員を離れた時にも欠かさず購読していましたが、これは、「九条の会」運動にとっても必要な役割を果たしています。また、その多くは団体加盟であって、宮城でも40を超える団体が加盟しています。しかも、加盟労働組合には多くの青年が所属しています。憲法会議の会員である青年弁護士たちは、若手弁護士九条の会（若弁九条の会）を作って、「出前講座」や「憲法寸劇」などで活躍しています。

なのはな会の憲法運動

私は13年間にわたって、発達に心配のある幼児や知的障害のある成人の通園・通所施設を運営する社会福祉法人なのはな会の理事長を務めています。現在では、仙台市内に幼児施設4カ所、成人施設3カ所を運営し、ケアホーム、ホームヘルパー派遣等の地域サポート事業も行っています。職員は非常勤を含めて約200人で、その大半が20～30歳代の若者です。毎年、4月の辞令交付式後に恒例となっている理事長講話では、「福祉労働は人権を守る仕事だ」とか、「平和なくして福祉なし」という話をしており、今年度は「憲法を学んで 仕事と暮らしに活かそう」というテーマで話しました。

憲法会議でも九条の会でも「若者が集まらない」という悩みをかかえていますが、私には「憲法は難しかった」とか、「憲法と自分の暮らしは無関係」と、言っている若者たちに語りかける機会があります。これも、私のささやかな憲法運動であると思っています。（2013・12・4記）

神奈川の『憲法会議』のことども

弁護士　増本《ますもと》　一彦《かずひこ》

1　誕生時の「憲法会議」は、憲法改悪阻止各界連絡会議（略称・憲法会議）といった。「憲法改悪阻止、憲法の平和的・民主的条項の完全実施」がスローガンであった。日本国憲法が誕生して18年が経とうという時期であった。

神奈川の憲法会議は、中央に憲法会議ができると、すぐに労働組合や平和・民主団体に呼びかけて、結成したのであった。

なにしろ、当時の佐藤栄作内閣が選挙制度を小選挙区制に変えて、衆議院に3分の2以上の改憲勢力を確保して、佐藤首相の兄貴の岸信介のやり遺した9条の「改悪」をしようと企てたのだから、私たちも必死であった。

2　この愛しき子（日本国憲法。いや、1936年生まれの私にとっては11才年下の愛すべき、賢き弟というべきか。）は、生まれたときは米軍を中心とした連合軍の占領下で、無視され、いじめられながら、日本の社会の反戦平和・民主化のために彼の兄弟姉妹の指針となって歯を食いしばって頑張り、講和条約によって連合軍の占領から本土は解放されても沖縄・小笠原諸島は依然米軍の占領が続き、本土は日米安保条約（旧条約と新条約）に大きな顔をされて、「戦争か、平和か」という国の重大な進路をめぐる問題では米日支配者等のいじめに傷つきながらも最小限抵抗線で頑張り、彼の兄弟姉妹に「平和と民主主義」の思想を教え、彼を守る行動を促し続けてきた。

小笠原諸島に彼が上陸できたのは１９６８年、彼が生まれて21年後。沖縄にいたっては１９７２年、彼の誕生後25年であった。

３　彼の生い立ちについては、彼の兄弟姉妹の間にも、彼の先代の「大日本帝国憲法（明治憲法）」の精神を引き継いできた支配者等に影響されて、彼を「マッカーサーの押しつけ憲法」「ＧＨＱに押しつけられた憲法」という、彼にとっては心外な悪口があったし、現在もこれが遺っている。神奈川県憲法会議を作る過程でも、この彼への悪口が議論の的となった。

彼を「改憲」から守るには、彼の出自を彼の兄弟姉妹である私たちとその親たちの平和と民主主義の闘いの歴史と結びつける必要があった。彼の出自が兄弟姉妹とその親たちの平和と民主主義の闘いの歴史と結びつくならば、彼はほんとうに我らの愛する、賢い身内であって、我らの闘いの歴史から生まれたことになる。

そこで、私たちは、ポツダム宣言第10項後段を援用して、学習と宣伝をした。ここには、次のように書いてある。「日本国政府は、日本国国民の間に存在する民主主義的傾向に対する一切の障碍を除去すべし。思想、宗教その他の基本的人権は尊重せらるべし。」

「日本国国民の間に存在する民主主義的傾向」とは、何を意味するか。

それは、アジア・太平洋戦争の時代に、いや、その以前から、治安警察法、治安維持法などによる弾圧に抵抗して、この時代を生きた人々が侵略戦争に反対し、主権在民と自由と民主主義を要求し、暮らしを守るために闘ってきた歴史の事実を表現しているのではないか。「この戦前・戦中の時代を平和と民主主義のために闘った人々の闘いが、彼（日本国憲法）を生み出す力であったのだ。マッカーサーの押しつけだ。GHQの押しつけだ。などというのは、戦争責任を免れた者たちの明治憲法に回帰しようとしている言い分であって、平和と民主主義のために闘った国民大衆の立場から彼の出自に確信を持とう」と訴えた。

4　神奈川の「憲法会議」は、弁護士である私の依頼人の「中古自動車屋」さんから中古のセット・バックの自動車を譲ってもらい、民商会員の電器屋さんから拡声器を譲ってもらい、『憲法改悪阻止』『小選挙区制反対』の看板をつけて、毎週土曜日の夕刻、横浜駅西口で90分の宣伝・署名行動をした。金曜日の夜は、ガリ版でチラシを作り、８０００枚の印刷を慎重に謄写版で刷った。「ガリ切り3年、刷り8年」などといわれた時代で、鉄筆でガリ版に書くのも、８０００枚のチラシを原紙を破らずに謄写版刷りをするのも、熟練が求められた。

土曜日の横浜駅西口前には参加団体から30名くらいがいつも駆けつけてきて、私教連（私立の学校の先生たちの組合）の「私学助成金増額」運動といっしょになって盛り上げた。

小林秀雄、大内兵衛、江口朴郎、木下恵介をはじめ県内在住の学者・文化人にも往復ハガキで賛同してくださるようにお願いし、著名な方々からたくさんの賛意が寄せられて、身が震えた。

横浜駅西口駅頭宣伝だけで、1年足らずで４００００筆余りの署名が集まった。

横浜、東京、小田原、甲府、水戸、宇都宮などの裁判所に仕事で行くのも、この宣伝カーであった。裁判所の駐車場に駐められた宣伝カーは、よく目立った。

5　当時は、未組織の労働者の組織化と青年労働者の文化的要求の実現が運動の大事な課題で、憲法会議の運動もこれらの課題に応えようと努力した。

横浜港の港湾労働者といえば、貨物船の荷の積み上げ、積み下ろしで、仲仕の労働者が艀で労働する様は陸から見ても勇壮だった。現在はコンテナー化されて、仲仕の人たちは駆逐されてしまったが、この人たちは寿町にある「ドヤがい」の5段くらいはあるベッドで寝起きをしていて、横浜港湾労働組合の人たちと焼酎ビンを持って彼らの宿に行き、組合への加入を誘った。焼酎を飲みながら、労働者の権利の話をして、団結こそ力だというのだが、みんな赤銅色の顔をしていて、「よし、俺とこは、1段目から5段目まで、そっくり組合に入ろう。みんな、いいだろ。」と頭立った人がいい、みんながぞろぞろと加入申込書にサインするのであった。そして、小選挙区制反対の請願署名にもサインした。組合に入ることを躊躇する人も、請願署名にはサインをしてくれた。「おまえが港で親方にいじめられていたら、俺等が味方になってやっからな。それを義理と感じたら、必ず組合に入れよ。組合に入った俺等を会社が邪魔もん扱いしたら、それは不当労働行為というのだな。」などと、今、組合に入ったばかりの人が大声で言ったりした。

大手の企業で働く人たちに工場の正門前でチラシを配ろうとしても、職制の目が光っていて、なかなか受け取ろうとしてくれないので、夜になって、青年労働者のいる寮に行って、労音、労演、フォークダンスの集いのチラシを配り、グループ作りをすることもやった。そのことから、グループの活動家になった青年への会社の攻撃が始まり、会社へ憲法会議の幟を持って抗議にも行った。個人加盟の労働組合員に対する不当解雇が増えて、一時は全国一般神奈川地本は争議団組合のようであった。これらの不当解雇撤回の裁判闘争も憲法会議の活動の一部になった。憲法会議の役員会では、必ず、こうした争議団の活動を報告して、憲法蹂躙の事実から学ぶことにした。

6　憲法会議は、初めは団体共闘組織であったが、個人会員も迎えるようになってくると、運営がかなり難しくなった。職場の会社支配が厳しくて、職場に憲法を守るグループもたやすくできない人たちを憲法会議に迎え入れると、団体共闘の強みを発揮する活動をすれば、個人会員は置いてけぼりになり、個人会員を軸にした運動を考えると、団体行動がうまく運ばなくなった。

もう一つは、市町村段階に「憲法会議」を組織することが難問であった。市町村で「憲法学習会」を組織して、全県各地を学習運動で走りまわったが、「憲法会議」に定着させることはできなかった。その上、1969年暮れの衆議院議員選挙に出るように乞われ、続いて72年暮れの選挙にも出て当選させてもらい、その後は私の親友の畑山　穣弁護士が中心になり、私は憲法会議の運動から離れてしまった。

1990年になって、消費税をなくす全国の会ができ、「3人寄れば、なくす会」という個人加盟で草の根から運動を作って行く活動に参加して、現在の中央憲法会議の平井正さんが事務局に来られて、いっしょに活動した。

この「消費税をなくす会」の活動スタイルから、憲法を守る運動も、このように草の根から「3人寄れば、憲法を守る会」と個人加盟の輪を広げたら成功するのではないかと思っていたところ、県内に住む井上ひさし氏をはじめ13氏による「憲法9条を守る会」が発足し、全国各地に草の根を張ってきた。「ああ、よかった。あとは、団体共闘を作って、相互に長所を発揮することだ。」と思っていたら、渡辺治氏、小森陽一氏が「団体共同」を作って、個人の活動と団体活動の互いの長所を発揮すべき時だと強調されるようになった。

九条の会の運動の発展はすばらしい。この会を生み出すためにも、憲法会議は陰の大きな力となったことだろう。神奈川の憲法会議も、毎年5月3日の憲法記念日には集会を開き、記念講演は県民の知的要求を満たしてくれる。

我が愛しく、賢い弟である日本国憲法よ。岸信介、佐藤栄作、そして、この2人の血続きの安倍晋三という3人に代表される「改憲・海外で戦争をする国づくりの復古・軍国主義者」が君の命を奪おうとし、安倍晋三は現に殺意満々として君を襲おうとしている。そんなことをさせてたまるか。君を守って、私も頑張るぞ。

私の20代は、憲法会議と共に

憲法会議元事務局・私立大東学園高校講師・法人理事
池上《いけがみ》 東湖《とうこ》

「私たちにとって、憲法は〝いのちづな〟なんです。」。憲法会議に加入したいと来訪された全患協（ハンセン氏病患者団体）の代表が発した言葉だった。大学を出てすぐ、事務局に入り、見ることも聞くことも初めてのことばかりの自分だったが、ここまで言い切れる発言に、大きな衝撃を受けたことを今でも鮮明に覚えている。

年の暮れに大学の構内を歩いていたら、サークルの1年先輩・川村俊夫さんに、ぱったり出会ったことが憲法会議との関係の始まり。教員採用試験を受けて「採用待ち」状態だったので、当時の「純粋な学生の気持ち」では、断る理由もなく、1週間後、事務局員になることを決めた。

港区虎ノ門近くの小さな海運会社の入るビルの2階が事務所だった。電話はかけることがあっても、家では受けた経験がなく、電話が怖かった。はじめての電話、むこうは、川村さんだと思って、いきなり用件を話されて、相手の名を尋ねる機会もなく終わる。切れたのち、誰からかわからない。用件を伝えたら、鈴木安蔵先生だと分かったが、電話の受け方もわからないのかと、強く指導を受けた。でも、電話が鳴るたびに、すぐには出られず、呼吸を整えて向かうことが、しばらくつづいた。大学は理学部だったので、憲法や法律研究者がどんな仕事をしているのか、まったく予備知識がなく、きょろきょろ状態だった。そうもしておれず、神田・神保町に事務所が引っ越した後は、食後の休憩などを使って、古書店で立ち読みした。今振り返ると、自分には会社づとめは無理だったと思う。よく周りが付き合ってくれたと感謝している。

憲法会議の正式名は、憲法改悪阻止各界連絡会議。憲法改悪阻止を願う団体と個人が加盟する組織。全国規模の団体や労働組合の役員たちが、自分の団体の要求・運動と憲法のかかわり、憲法改悪阻止の運動との関わりを真剣に考えるようすに、接することができたことが、自分の未熟さを補い、9年間の事務局生活を支えるエネルギーになっていた。冒頭の全患協の代表の発言もそのひとつ。正月の数日を除く、1年のほとんどが、〝憲法会議〟という生活だった。

手元に資料がないので、思いつくままに、当時をふりかえってみる。

①憲法改悪に反対する運動の組織

憲法改悪の動きに対して、どう運動を組織していくか。

憲法といっても、国民に身近かではない。それをどうするか、という論議の中で、「財産権の尊重をかかげて不当な税務調査に臨む」(民商)、「失対打ち切りは、死ねということ(生存権の否認)」(全日自労)などからヒントを得て、「憲法を身近な生活の中から見直してみよう」という運動が強調されて、「憲法じゅうりん告発運動」という形ですすめることになった。子どもが放置されて餓死した事件で、岩手憲法会議がよびかけて調査し、報告書にまとめた。生活保護の実態、水俣病などの調査が各地で行われた。この運動は、職場でも広がり、大きな商社の新婦人の会員たちのつぶやきが元になり、就業規則の「男子は雇員、女子は準雇員」という差別をなくさせた。この中で、若い会員は、もう少し学びたいと短大に行き、教員になっていった。女性差別反対も裁判を含んで進展していった。神奈川の自動車会社に勤める志賀穂子さんの起こした「30才定年制」反対の運動には、憲法会議としても初めからかかわった。いくつかの裁判闘争をつうじて、若年定年制や結婚退職制など就業規則の上での男女差別をなくし、やがて男女雇用平等法の制定へとつながる。目に見える形で憲法が生きていった歴史の場面でもあった。

②「憲法手帳」の発行・普及

「憲法を身近に」ということで一冊30円の「憲法手帳」を発行していた。

はじめは、日本国憲法、教育基本法、日米安保条約が入っていた。やがて、労働基準法、自衛隊法、ポツダム宣言などが加わった。ポケット、ハンドバックに入って便利だった。松川事件の支援の運動にかかわっていた千葉・船橋の河口正子さんは、いつも憲法手帳を持ち歩き、地域婦人会や母親連絡会などの活動を通じて、1000冊以上を普及した。「地域のおばさんたちに通じる言葉で話さないとだめよ」と言われながら、つれ歩いてもらった。全日自労の失対打ち切りの運動と合わせて、全国に広がった。職安交渉で、冒頭、職員にむかって、「憲法99条知っている?」と問う。黙っていると憲法99条（憲法尊重擁護の義務）を読み上げる。ここを確認しながら、交渉に入る。おかしいと第99条や関連した憲法条文に立ち返る。組合員は、交渉を通じて、「憲法のすごさ」を感じとっていった。年の暮、労働省前の中央行動参加の組合員に、当時の近藤一雄委員長が、宣伝カーの上から、憲法手帳をかざして「使い方を話す」「中央行動のお土産にどうぞ」と訴える。駅弁の売り子のように、憲法手帳をもって参加者の中に入る。5冊、10冊と買う人がつづき、持っていった全部を売り上げた。この売り上げが、その年の年越しに貢献した。

5月3日の憲法集会などでも、会場を出てくる人に、憲法手帳をかざして声をかける。売り子としての腕も上げた。最近の5・3集会でも、手伝うことがあるが、まだまだ通用する。

福岡県の全日自労は、分会毎に、中学校へ「日本国憲法を教えてくれ」と申し入れた。また、中卒で集団就職していく子弟に、お祝いの会をひらき、憲法手帳を贈り、その使い方を紹介した。その後、新婦人をはじめ団体で作成したり、民主的自治体で新成人に配るところも出てきた。

③「憲法をくらしに生かす運動」

「憲法じゅうりん告発運動」は、京都府の蜷川虎三知事のすすめる「憲法をくらしの中に」の運動に出会う中で、「憲法をくらしの中に生かそう」に変化していった。京都府の蜷川知事の話は何回か直接話を聞く機会があったが、「地方自治の本旨」という話には、強い意志を感じた。議員を通じて住民の要求が実現する道から、住民自身が要求を組織し、団体をつくり、行政に要求する中で実現させていく道へ変えていった。まさに住民が行政の主人公になっていく道すじであった。

京都には、広範な女性団体が参加する「憲法を守る会」があった。丹後の地域では、川底から生活に必要な水は汲みあげて使っていて、それは女性たちの仕事だった。女性たちは、地域婦人会で憲法を学習する中で簡易水道を敷く方法があることを知って、府に向けて要求をはじめる。集落の男たちから執拗な反対があったが、要求が通った。会の役員をしていた寿岳章子さんが、何回も足を運び、共に学ぶ中で実現した。この話は、その後、小学校の教科書にも登場した。

蜷川京都府政は、全国の地方自治体の「灯台」になっていった。70年代、東京、大阪、名古屋、横浜、川崎、埼玉と民主的自治体が広がっていく中で、「憲法を暮らしの中に」が共通のスローガンになっていった。

社会党、共産党、総評を軸にした社共共闘が、10・21国際反戦デー、紀元節復活反対、恵庭裁判支援などと問題別に進む中で、社共共闘を軸に「明るい革新都政をつくる会」を確認団体に、美濃部亮吉氏を都知事候補に押した。双方が対等・平等という原則の下に、憲法会議は、護憲連合や婦人、青年団体などと一緒に幹事団体を構成した。通常の幹事団体会議には、事務局が出席していた。美濃部知事の当選のとき、当選が決まってから、地下鉄の新宿御苑駅近くのホテルを確保して急遽、記者会見をしたことを思い出す。都政が変わり、都の職員たちが生き生きとし、市民団体、労働組合なども自分たちの自治体という意識を強めて、要求運動にとりくむ動きが加速した。

その4年後、大阪でも「明るい会」方式で、黒田了一氏が府知事候補に押された。黒田氏は、大阪憲法会議の幹事長だったので、1カ月応援のため大阪に行った。

団体が使える「憲法しんぶん」の民主的自治体特集号（タブロイド4ページ）を1000部かかえて新幹線に飛びのった。はじめの仕事は、持って行った「憲法しんぶん」を使って、団体がとりくむ「明るい会」の選挙活動について紹介することだった。団体が自分の課題として取り組む選挙は、体験がなく、話をよく聞いてくれた。府下の自治体の組合・衛都連が、版そのものを利用して、2万部を買い取ってくれることになり、宿泊を除く滞在費の目途が立ってほっとしたことを思い出す。

告示になってからは、憲法会議が受け持った宗教団体、同盟系や上部団体未加盟の組合への申し入れにかかわった。同盟の組合でも話をきいてくれた。相手が油断してか、締め付けの弱い選挙だった。

大阪の社共の関係は、最初はぎこちなく、明るい会の法定1号ビラは、表裏を分担して発行し、表と裏では、読んだ人から、微妙な違いを指摘されることもあったが、その後急速に改善された。最後の1週間の繁華街での宣伝行動は、反応が良かったが、万博を成功させた現職知事の優位の報道は動かず、選挙事務所で投票日当日、黒田候補だけが当選を確信していた。しかし、予想をひっくり返して、黒田さんは当選した。全国的な、民主的自治体を求める国民の流れを感じた。大阪憲法会議がおかれていた木村法律事務所では、事務職員になったようにふるまわせてもらい、大変お世話になった。

④小選挙区制反対の取り組み

事務局に入ったときから憲法会議でずっととりくんだ課題は、小選挙区制反対の闘いであった。憲法改悪に必要な3分の2以上の議席を得るために、自民党や改憲勢力は、小選挙区制と政党規制の実施を執拗に策動していた。選挙制度審議会を何回も発足させて、答申という形で、合法性を得ようとしていた。審議会のメンバーには、旧内務省の官僚上がりのマスコミ関係者を配置し、答申がまとまれば、マスコミの応援を得て、一気に世論を誘導し、実施へむかう意図がうかがわれた。

審議会が開かれるたびに、審議会の会場に出かけて、審議会への要請文を手渡し、委員たちに要請行動を重ねた。動きを情報として団体に知らせてきた。「小選挙区制の憲法会議」という印象を団体には与えていた。要請文や抗議文の文案作りは事務局の仕事で、憲法しんぶんの編集とともに、文章を書く訓練になり、試行錯誤しながら、だんだん文章を書くことが苦にならなくなった。

「門前の小僧」というか、小選挙区制のことは、歴史や外国の例もふくめて、どんなことでも、資料をあさった。審議会の検討案が、「小選挙区と比例の併用案」にしぼりこまれつつあったとき、田中首相自ら鉛筆をなめながら、小選挙区の区割りを引いているということが伝わってきた。「カクマンダー」と呼ばれた。総選挙の投票結果にもとづき、国会図書館で地方紙にのった行政区別の各党得票を調べて、可能な区割りを考えて、試算をつくり、「憲法しんぶん」に発表した。自治省の記者クラブに配布した「憲法しんぶん」を見て、朝日新聞の記者が、電話で問い合わせてきた。さすが大新聞で、その後、独自に試算し、

「4割の得票で8割の議席」という大見出しで、報道した。この報道がきっかけで大きく世論が変わった。社会党、共産党、公明党の三党で「小選挙区制反対連絡会議」が作られた。連絡会議で、ポスター、小冊子が作られた。

連絡会議主催の集会が明治公園で開かれた。3方向にデモ行進したが、最後の列が新橋についたときは、電車の終電がなかったという規模の集会だった。

ロッキード疑惑も重なり、田中内閣が倒れて、この時の小選挙区制の危機はしのげた。

憲法会議の活動の蓄積は、連絡会議の小冊子づくりに反映された。

⑤いま、子どもたちと憲法・人権を考える

これらは、40年前までのできごとである。その後の歴史は、社公合意から、民主的自治体がつぶされ、社会党そのものも安保条約や自衛隊の容認、そして衰退し、政党そのものもなくなった。私たちが前進しようとすると、クサビが打ち込まれ、阻まれる。

しかし、そうした勢力をみるとどうだろうか。蜷川府知事が「保守はいいけど、歴史の歯車を逆に回す反動はダメ」と言ったが、現在の自民党を見ていると、かつての保守層はきりくずされ、「反動」派で固めている。彼ら自身も、よるべき基盤を切り崩している。沖縄での保守も革新も一緒になって「辺野古新基地反対」「基地をなくせ」という運動は、要求でまとまる、本来の運動を示していると思う。

「閣議の決定」だけで、憲法9条の解釈を変更し、アメリカの戦争に自衛隊を動員しようとする安倍内閣に大義はない。

3・11以後、原発再稼働反対の運動、秘密保護法の廃止を要求する運動、集団的自衛権容認反対の運動、

ブラック企業・ブラックバイト規制要求の運動、消費税10％増税反対などの運動を見ていると、国民一人一人の中に変化が起こり、それを意見表明しようとする動きは、確実に強まっている。

私は、事務局をやめたのち、東京の私立高校に勤めて40年になる。現在も少しかかわっている。そこで、総合『人権』（3年生に週1時間）という授業を16年間担当している。この授業は、テストなし、評価もつけない。「人権」に関係すると思われることをとりあげ、意見を出し、交流しあう。普段は、自分の考えをいわない生徒たちも、自分の中の体験や見聞きした知識を総動員して、自分の意見を書く。直接話し合う機会は少ないが、書いたものを交流する。友だちの意見、資料を読みながら、また、自分の意見をまとめる。そのようすを見ていると、「18年間生きてきた重み」をどの生徒にも感じる。生徒たちも、友だちの意見を読みながら、自分の意見を相対化している。一人一人の意見は部分的でも、クラスで集めると、ほぼ考えられる意見が集まる。

いつも生徒の意見を印字しながら、感心し、「認識の民主主義」だと心の中で叫ぶ。こうした経験をした生徒たちは、安倍首相のような「独りよがりな考え」しかできない大人には、決してならないと思っている。

いろいろな成育歴、国が違えば文化も違う中で、違うことを前提とした活動が求められていることを痛感している。生徒たちと、民主主義とは何かと考えることがあるが、互いに立場や考えの違うものが、納得しながら折り合いをつけていくことが、世界標準の「民主主義」でないかと、考えるようになっている。そのときに、共通に考える土台は、日本においては、現象は困難に見えても、憲法に戻って考えることが、解決の一番近道でないか。２０１０年の杉原泰雄先生の憲法講座を受けたことから、考えつづけている。

私たちは、私学助成や文教予算の増額を求めて運動してきた。防衛費が5兆円を超えようとしているとき、予算に占める文教費の割合は、半減し、絶対額でも超されそうになっている。これを、憲法の規定から、これでいいのか？という問いかけで一貫してきたかというと反省が残る。２０１３年秋の憲法講座で杉原先生は、沖縄知事選挙で示された「辺野古新基地反対」の沖縄県民の声にたいして、国の権限で建設をすすめるという安倍内閣の姿勢は、憲法の地方自治の条文との関係でどうなのか、と問われた。要求の解決先（国民合意の方向）を考える上で、重要な指摘として受け止めた。

⑥一歩前を考える

この原稿を書いている中でも、安倍首相による改憲の動きはやまない。私たちも対応が迫られている。でも同じようなレベルで対応したくない。

彼らには糊塗できない弱点がある。ひとつは、「自分の考えを多数にして相手に押し付ける」という考え方は古い。東西冷戦がソ連の崩壊でなくなった。その頃は、自分も対立的な見方に影響をうけていたが、今は違う。こうした考えでは、何も変わらない。先にふれたように、考えは違って当たり前、違った考えの原因になることを考えあい、共通の理解をすすめて、合意を見いだしていくことが、現代流の考え方である。

もうひとつは、戦後70年間の日本人の人権感覚が進化していることに気がつかず、一昔前の感覚をおしつけていること。40年間、高校生に接してきて痛切に感じることは、どんな正しいことでも、「上から目線の物言い」は、生徒から拒否される。40年前は女子校だったが、生徒たちのライフサイクルは、20代前半で結婚、「玉の輿」願望も強かった。しかし、今は、そうした考えは皆無といえる。「人権」の授業で家族を扱った時、憲法24条と自民党の改憲案を比べて読みあった。「婚姻は、両性の合意のみに基づいて成立し」（現行憲法24条）、「婚姻は、両性の合意に基づいて成立し」（自民党改憲案）。つづきの文は同じで、「のみ」が有るか、無いかの違い。初めは、「同じじゃない」という意見も出たが、「のみ」がつくのは「結婚する2人だけょ」などと意見がいっぱい出て、教室がもりあがった。その後、「のみ」はそのままにすべきだ、という結論に落ち着いた。小手先では通じない壁があることに、安倍氏たちは気がついていない。

事務局の仕事は、目前のことにとりくみながら、半年とか1年先のことも考えざるをえなかった。その習慣は、教員になった後も、役に立っている。一見強そうに見える改憲の動きに対しても、国民の側は、落ち着いて、相手の一歩先を考えて、大きく国民各層をまとめる手を打っていくことが大切ではないかと考えている。自分も、かかわっている学校や住んでいる地域から、そうした運動に参加していきたい。

（憲法会議結成2年目から9年間、事務局を担当）

愛知憲法会議・憲法運動の50年に寄せて

愛知憲法会議代表委員・前事務局長・憲法会議代表委員・日民協理事長
名古屋大学名誉教授　森《もり》　英樹《ひでき》

愛知憲法会議との出会い

憲法会議が、末川博・鈴木安蔵・田畑忍といった憲法学者や、大西良慶（清水寺貫主）、羽仁説子（評論家）など、33氏の呼びかけで、東京において結成されたのは、1965年3月6日のことであるが、愛知憲法会議はその直後の3月11日に、物理学者の坂田昌一・四方博・有山兼孝、画家の安藤幹衛・北川民次、宗教家の土岐林三・林霊法、民法学者の脇坂雄治、弁護士の北村利弥、仏文学者の新村猛、哲学者の真下信一、政治学者の横越英一、そして憲法学者の長谷川正安の13氏が「呼びかけ」を行い、4月10日に発会式を行って誕生した。東京と愛知——ほぼ同時期の誕生である。両憲法会議の呼びかけ人を兼ねた人も少なくない。当時の新聞報道などでも、結成時の熱気をうかがうことができる。

愛知憲法会議とは長い付き合いの私ではあるが、発足時はまだ京都で学生生活中であり、さすがに発足の現場には立ち会っていない。憲法会議との際会は、翌66年4月に名古屋大学・長谷川正安先生の研究室に草鞋を脱ぐことになったときからである。4月早々に、おそるおそる長谷川研究室をノックし、最初の「研究指導」を受けた。長時間にわたるかと思いきや、先生は実にあっさりと「憲法の勉強は後でもいいから、最初は英米仏独の社会科学の古典を原書で読むこと、あとは資本論だな」とさらりと「指導」してくれて、研究の話はそれだけだった。そして「ついでに」という感じで、「愛知憲法会議という市民団体の事務局が名大法学部に置いてあるので、その仕事を頼みます。他の専攻以上に憲法学には理論と実践の統一が大事だから」と、これまたさらりとおっしゃる。いずれも面食らうような話だったが「はあ…」というほかない。指示されるままに愛知憲法会議事務局がある研究室に行ったら、それまで事務局を一人で切り回しておられた政治史専攻の方から、「やっと憲法専攻者が来てくれました。では事務局長をお願いします」と言われて、これまた「はあ…」である。右も左もわからないままに始まった私の憲法会議生活は、したがって白地のキャンバスに一から絵を描くようであったが、幸い「憲法運動」の提唱者であった長谷川先生が軸となって立ち上げた愛知憲法会議であるだけに、運動のガイドラインは当初からおぼろげに見えていた。

「憲法運動」の発信地で

「憲法運動」というキーワードは、今でこそなじみよく使われているが、周知のとおり長谷川先生が憲法会議発足のころから論文等で使いはじめ、それらをまとめた著書『憲法運動論』(岩波書店・1968年)で広く認知されるようになったものであり、このキーワードに導かれて憲法会議は、全国でも愛知でも誕生したのである。このあたりの事情は、川村俊夫さんが長谷川先生を追悼する論稿で詳論してくれた(川村「『憲法運動』論にも足跡」杉原泰雄＝樋口陽一＝森英樹編『長谷川正安先生追悼論集　戦後法学と憲法』日本評論社・2012年)。それまでは、社会党系の「護憲運動」と共産党系の「憲法闘争」とが、時に不毛な党派的論争と主導権争いにエネルギーを割いていたが、そこに1964年7月、内閣に置かれていた憲法調査会が「改憲を要する」とする意見を多数とした最終報告書を提出して、改憲ムードがにわかに高まる。これを市民的な広がりで食い止め打ち破る方策を模索する中で、「護憲運動」と「憲法闘争」とを止揚・統一する含意も込めて、「憲法運動」というキーワードが、長谷川研究室から誕生した、というわけである。その発信地である愛知・名古屋の「憲法運動」は、したがって東京以上に市民的共感を得ることに力点が置かれた。

こうした意味合いに導かれつつ、事務局を担うようになってすぐに手掛けたのは、「憲法運動」であることに留意をしつつ、憲法会議の正式名称が「憲法改悪阻止各界連絡会議」とあるように、いわゆる団体共闘的色彩があることを重視しながらも、「憲法大好き」な「個人」の会員にも軸足を置いた活動を心がけることであった。発足と同時に刊行開始した機関誌「愛知憲法通信」は、あれこれの情報をただ通知するだけの「機関」刊行物にするのではなく、こうした会員が相互に「通信」をしあうフォーラムとして活用するように心がけた（この「通信」は、期しくも2014年12月号でちょうど500号を迎え、その翌号で「憲法会議50年」と「戦後70年」の2015年につなぐことになっている）。また、個人会員が気軽に参加でき、自由に意見を表明できる場としての「月例会」を、その名の通り毎月一回開催して、その時々の憲法問題を、各界の担い手に報告していただき、ビビッドな学習会として継続している。

憲法記念日のつどい

そうした日常活動の上に、毎年5月3日、県下では有数の収容力を誇る名古屋市公会堂大ホールを主たる会場にして、「憲法記念日市民のつどい」を、1965年以来、毎年きちんと、しかも大規模に、かつまたしばしば（初期のころは存続していた）愛知護憲連合との共催で開催してきた。前売チケットを精力的に一枚一枚売ってくれたのは、主に「憲法大好き」個人会員である。入場無料で、ただ気勢をあげるだけの「集会」ではなく、有料で入場し、各界の知性ともいえる方々の話をじっくりと聞き、時にはあわせて映像・演劇やトップミュージシャンの歌舞音曲に浸ることもある、という趣向であった。ただし「個人の尊重」を重んじ、「集いの名」による「声明・宣言」ということは行わなかった。

憲法記念のつどいで、今でも伝説的に語られるのは、1968年に実現した、当時の「憲法を暮しに生かす」地方政治の両雄、美濃部東京都知事と蜷川京都府知事をゲストスピーカーにした「大講演会」にほかならない。護憲連合との共催にとどまらず、社会党（当時）・共産党・愛労評にも共催者になってもらったこのビッグイベントは、当時は県下最大の収容力があった金山体育館（定員1万人）でも参加者は入りきれず、会場外のスピーカーも含めて1万2千人が両氏の講演に聞き入った。この勢いが、3年後の愛知県知事選挙で、愛知憲法会議呼びかけ人の一人であった新村猛さんを革新統一候補として現職を追い詰めることになった原点となったと言っていい。またその2年後には、愛知憲法会議の個人会員でもあった名古屋大学教育学部長・本山政雄さんが革新統一で名古屋市長選に勝利する流れにもつながっていた。余談だが、東京都庁と京都府庁に単身で乗り込んでいって、両知事から承諾の返事をいただいたのは私だが、25歳という駆け出しの若僧でも、そういうことができた「時代」だったのである。

68年のこの集いで一気に認知度を高めた「市民のつどい」は、今日までさまざまな形で憲法のことを考える場として定着している。憲法40年の節目（1987年）には、加藤周一さんの講演と、外山雄三＝林光さんの作曲による交響曲「五月の歌」を外山さんの指揮、名古屋フィルのオーケストラと、この曲のために結成された480人からなる市民合唱団で初演したが、聴衆は実に3500人だった。この曲はその後「憲法運動の第九」として各地で再演されている。あるいは、憲法50年の節目（1997年）には、小田実さんの講演と喜納昌吉さんの歌に加え、午前中は「持ち寄りフェスタ、がんばれ！憲法運動会」と題して、さまざまな市民運動が一堂に会して相互にプレゼンテーションし、ともに憲法のこころに思いを寄せていることを知り合い語り合う「広場」を開催した。「憲法運動会」と命名したのは、さまざまな「憲法運動」が出会う「会」の趣旨だったが、「憲法」大好きな人が集まる「運動会」と勘違いしたある参加者が、運動着・運動靴姿で現れて大笑いしたことも懐かしい思い出である。憲法60年の節目（２００７年）にはご存知の姜尚中さんの講演と三味線やそすけさんの寄席であり、参加者は３５００人を超えた。

挙げればきりのない話なので、すでに紹介した年度を除き、このつどいで演壇に立った多彩なゲストを順次名前だけ列挙しておく（敬称略）。真下信一、田畑忍、畑田重夫、中野好夫、末川博、渡辺洋三、川口是、土井多賀子、東中光雄、黒田了一、戒能通孝、平良良松、阿部行蔵、田英夫、田口富久治、本山政雄、伊東光晴、羽仁説子、朝永振一郎、芝田進午、杉村敏正、井上ひさし、福田静夫、嶋田豊、永井智雄、飯島宗一、木下順二、山田洋次、飯沢匡、林光、富野暉一郎、木村晋介＋立川志の輔＋マルセ太郎、樋口陽一、山田太一、寿岳章子、鎌田慧、永六輔、江口圭一、池辺晋一郎＋イーデス・ハンソン、鳥越俊太郎、大石芳野、早乙女勝元、辛淑玉、辺見庸、高橋哲哉、上條恒彦、ベアテ・シロタ・ゴードン、三上満、香山リカ、ジェームス三木、湯浅誠、伊勢﨑賢治、ダグラス・ラミス、伊藤真、大田昌秀、そして２０１４年の小熊英二という面々である。

当初は、５月３日というゴールデンウイークのど真ん中でこうした集いを開催することは、集客においては無謀だ、という声がなかったわけではない。しかし愛知でコンスタントに２０００人以上が参加するこの集いを定着させたことで、他県の憲法会議もこれに同調していただけるようになったのでは、と多少自負している。

来し方行く末

こうした華々しい活動だけでなく、愛知憲法会議では、憲法連続講座、夏季セミナー、啓発出版物の刊行、その都度の声明発表などなどにも取り組んできた。8月15日、2月11日、11月3日といった節目には、他団体と協力し、あるいは他団体に協力して、さまざまな催しを実施してきている。

最初の内はまさか長期間になるとは思っていなかったが、結局は、名古屋大学を２００６年に定年で退職するまで、ちょうど40年間、途中留学中の不在時期を除いて、事務局長を務めることとなった。学部長であっても副学長になっても、事務局長を降りることはしなかった。もちろんそうできたのは、名古屋大学法学部の憲法研究室で、多数の若い研究者が育ちつつ事務局員として支えてくれたからであり、彼・彼女らにはいくら感謝してもし足りない。と同時に、管理職になっても、いや管理職であるがゆえに憲法99条に従い、「憲法を尊重擁護する」のはむしろ憲法上の義務なのだから、当然のことをしたまで、という自負もないわけではない。

ただ、名古屋大学も国立大学法人となり、「納税者の眼」を気にするようになったあたりから、全国でもまれであった大学研究室に事務局を置くというスタイルは、撤退を余儀なくされた。また、法科大学院制度が始まるや、従来の研究者養成制度としての大学院制度が急速に衰え、憲法研究室メンバーで事務局を担うことも不可能になってきた。そうした変わり目で私は事務局を退任したので、後任の（大学外に居所を移した）事務局のメンバーは大変な苦労をしていると聞く。だが、憲法運動は後退させるわけにはいかない。憲法会議結成を促した１９６５年のころの改憲動向をはるかに凌駕する動きが爆走しているからである。

安倍政権が改憲に本腰を入れつつ打ち出してきた路線に、「戦後レジームからの脱却」という構想がある。安倍が最初に首相に就任したとき、彼は自らの政策を「体系的」に表明した2007年1月26日の施政方針演説のなかで、この構想は打ち出された。この「脱却」論は、彼のお気に入りのようで、同年9月に首相を退陣した後も、随所で主張し続けてきた。試みに「政治家・安倍晋三」のHPに入り、冒頭の「基本政策」から「憲法改正」のページをクリックしてみてほしい。するとこの「脱却」論が「ていねいに」説かれているのに出会う。それによれば「戦後レジーム」とは「憲法を頂点とした行政システム、教育、経済、雇用、国と地方の関係、外交・安全保障などの基本的枠組み」のことだと言う。つまり「戦後」憲法が打ち出してきた「基本的枠組み」すべてが「脱却」対象として丸ごと非難・拒絶されていることになる。だからこそ「戦後レジームからの脱却を成し遂げるためには憲法改正が不可欠です」というのが結論になってもいる。この主張は、「最終変更日時2009年6月12日」とされていて、今も変わっていない。つまり後顧の憂い多く退陣したのちに掲載し、思いもかけず首相に返り咲いた今も、変わらず掲載している、というわけである。「美しい国、日本」を叫ぶこの政治家が、「美しい」日本語を使わず、わざわざフランス語で「レジーム」とするのは、おそらく唾棄すべき「アンシャン・レジーム」の響きを込めてのことだろう。その打倒すべき対象が「憲法を頂点とした」戦後体制にほかならない。

こうしてみると安倍の憲法非難は、9条だけではなく、憲法全域に及ぶことになるのも当然と言えば当然だろう。これは憲法会議にとっても容易ならざる非難である。

安倍政権の再来は、第一次安倍政権時の動きの再来にとどまらず、憲法会議が生まれたころの改憲動向の再来でもある。してみれば私も、安閑と隠居をしている場合ではない。

III

憲法会議50年史　年表

憲法会議50年史　年表

※憲法会議の活動は太字。各年の特徴的な活動がある場合は＊を付して記載。頭数字は月。月を特定できない事項は＊を付した。

年	憲法問題と憲法会議の動き	日本の動き	世界の動き
１８８０		自由民権運動 国会開設請願運動高揚	
１８８１		明治14年政変 国会開設詔書 このころ私擬憲法草案多数作成	
１８８４		秩父事件 自由民権運動衰退	
１８８９		大日本帝国憲法公布	
１８９０		帝国議会開会 教育勅語発布	
１８９５		日清戦争に勝利、台湾が日本の植民地に	
１９０５		日露戦争勝利、南サハリンが日本領に	
１９１０		韓国併合 大逆事件	
１９１２		第１次護憲運動 友愛会創立	中華民国成立
１９１４		第１次世界大戦に参戦	
１９１９			朝鮮３・１独立運動 中国５・４運動
１９２２		日本共産党結成	
１９２４		第２次護憲運動、護憲３派内閣成立	中国第１次国共合作
１９２５		普通選挙法 治安維持法	
１９３１		満州事変	
１９３７		日中戦争（～45）南京大虐殺	中国第２次国共合作
１９４１		南部仏印進駐 アジア太平洋戦争（～45）	米英大西洋憲章発表
１９４５	10政府、憲法問題調査委員会（委員長・松本烝治）設置 12憲法研究会「憲法草案要綱」発表	３東京大空襲 沖縄戦 ８原爆投下 ソ連参戦 ポツダム宣言受諾 10五大改革指令 12女性参政権 農地改革 労働組合法	ヤルタ会談 ドイツ降伏 国際連合成立 ベトナム民主共和国独立
１９４６	４内閣憲法改正草案 10帝国議会で日本国憲法成立 11日本国憲法公布	１天皇神格否定の詔書 ４戦後初の総選挙、女性議員39人 ５東京裁判開始	中国国共内戦 インドシナ戦争（～54）

1947	5日本国憲法施行	2・1ゼネスト中止指令 3教育基本法施行 9沖縄に関する天皇メッセージ 11新民法公布	トルーマン・ドクトリンで冷戦本格化
1948		1米陸軍長官日本を反共の防壁と演説 6国会で教育勅語失効決議 7福井市で最初の公安条例 11東京裁判判決	大韓民国・朝鮮民主主義人民共和国成立 ビルマ独立 世界人権宣言
1949	5国・都共催の憲法記念式典	7〜8下山・三鷹・松川事件	NATO発足 中華人民共和国成立 ドイツ東西に分裂
1950	1吉田首相施政方針演説「自衛権放棄せず」 8警察予備隊設置	6共産党中央委員を公職追放 朝鮮戦争 7レッドパージ	核兵器禁止ストックホルム・アピール
1951		5政令改正諮問委員会設置 9平和・日米安保両条約調印	ベルリン・アピール
1952	3自衛戦力は9条に違反せずと吉田首相答弁 11戦力とは近代戦争遂行能力との政府統一見解	2日米行政協定調印 4平和・安保両条約発効 5メーデー事件 米軍用地特措法 7破壊活動防止法 保安隊設置 9内灘基地闘争	
1953		4沖縄で土地収用令公布 10池田・ロバートソン会談 12奄美群島返還	朝鮮休戦協定
1954	1憲法擁護国民連合発足 5政府主催憲法記念式典中止 6自衛隊の海外出動をなさざる決議（参議院） 7自衛隊発足	3ビキニの米水爆実験で第五福竜丸等被災、原水爆禁止署名運動開始 MSA協定調印 4原子炉建設予算成立 6教員の活動を制限する教育2法成立強行	周恩来・ネルー・ウ＝ヌー平和五原則声明 インドシナ休戦協定調印 SEATO創立 国連で原子力平和利用決議
1955		6第1回日本母親大会 8第1回原水爆禁止世界大会 8民主党「うれうべき教科書の問題」発行 10左右社会党合同 11保守合同自由民主党結成 ＊各地で基地反対闘争	第1回アジア・アフリカ会議バンドンで開催 ソ連・東欧諸国がワルシャワ条約締結
1956		6教育委員公選制を廃止する地方教育行政法強行成立 沖縄でプライス勧告反対の島ぐるみ闘争 10日ソ国交回復 12国連加盟	スエズ運河国有化 スエズ戦争
1957	8朝日訴訟提訴	6安保改定へ日米共同声明 12勤評反対闘	欧州経済共同体条約調印 初回パ

		争高まる	グウォッシュ会議
1958		10警職法改正案提出 反対闘争高揚 12同法廃案 国民健康保険法成立 国民皆保険	ガーナで第1回全アフリカ人民会議
1959	3安保改定阻止国民会議結成 砂川事件で東京地裁違憲判決	8松川事件で最高裁が有罪判決を破棄 12三井三池闘争開始	キューバでカストロ政権樹立 中ソ対立表面化
1960	1新安保条約・地位協定調印 安保闘争高揚 5衆議院で安保批准強行採決 6新安保条約自然成立 10朝日訴訟一審勝利判決	4沖縄県祖国復帰協議会結成 10社会党浅沼委員長刺殺 三池闘争終結 12池田内閣が国民所得倍増計画決定	韓国李承晩大統領辞任 国連が植民地独立宣言採択 多くのアフリカ諸国独立 南ベトナム解放民族戦線結成
1961		4米ライシャワー駐日大使着任 11公明政治連盟結成	米ケネディー大統領就任 韓国クーデターで朴正熙政権
1962	12恵庭事件	10全国総合開発計画を閣議決定	キューバ危機
1963	2三矢作戦研究	8松川事件最高裁で全員無罪確定	部分核実験停止条約調印
1964	7憲法調査会報告書提出 8米原潜寄港を承認 反対運動おこる	8インドシナ軍事侵略阻止緊急集会 10東京オリンピック 11「同盟」発足 公明党結成	トンキン湾事件 ソ連共産党が日本の民主運動を攻撃
1965	3**憲法会議結成『憲法手帳』作成** 6家永教科書訴訟提訴 原潜阻止日韓条約阻止ベトナム反戦運動	2「三矢作戦計画研究」国会で暴露 6日韓条約調印 11日韓条約批准強行	ベトナム北爆開始
1966	3憲法擁護・小選挙区制粉砕連絡会議結成（共産・社会・公明3党）10ベトナム反戦統一スト・集会	6「建国記念の日」制定の祝日法成立 10「期待される人間像」答申	中国文化大革命 中国共産党が日本の民主運動攻撃 国連で国際人権規約採択
1967	2初の建国記念の日 **紀元節問題連絡会議に参加**し集会 3**明るい革新都政をつくる会結成** 恵庭事件地裁で無罪判決 4佐藤首相武器輸出三原則を言明 6新潟水俣病訴訟提訴 9四日市公害訴訟提訴 12佐藤首相非核三原則言明 11**第1回憲法じゅうりん告発運動**	4都知事に革新統一の美濃部亮吉当選 8公害対策基本法公布 11日米共同声明で沖縄返還の時期明示せず、野党各党が抗議 那覇市で沖縄即時無条件返還要求県民大会	ベトナム戦犯法廷開く 欧州共同体（EC）発足 ASEAN結成

1968	1米原子力空母佐世保入港　3イタイイタイ病訴訟提訴	6小笠原諸島返還　11初の沖縄主席公選で革新統一の屋良朝苗当選	ソ連など5ヵ国軍チェコを占領
1969	5自主憲法制定国民会議結成　6自民党靖国神社法案を初提出	5新全国総合開発計画決定　8大学運営臨時措置法強行成立	ベトナム和平パリ会談開始　全米で反戦デモ
1970	7家永教科書訴訟で検定違憲違法判決	12公害関係14法案成立	核不拡散条約発効
1971	3青法協加入の判事再任拒否　5津地鎮祭訴訟で違憲判決	4大阪府知事も革新統一黒田了一当選　6沖縄返還協定調印　反対運動高まる　12同協定批准成立	10中華人民共和国の国連加盟決定
1972	4沖縄への自衛隊配備決定　5密約含み沖縄返還　**『月刊憲法運動』創刊**　7四日市公害訴訟地裁で原告全面勝訴　8イタイイタイ病訴訟も高裁で勝訴　12選挙制度審議会が小選挙区制の報告書	6田中角栄「日本列島改造論」　9田中首相訪中　日中共同声明	ニクソン訪中
1973	3熊本水俣病訴訟地裁で原告勝訴　田中首相が小選挙区制立法化指示　5**小選挙区制粉砕中央連絡会議発足**　小選挙区制断念　9長沼ナイキ訴訟地裁で自衛隊違憲判決	2円の変動相場制移行　4買占め物価高問題で院内外の運動高まる　8金大中事件　10石油危機で物価高・物不足	ベトナム和平協定調印　チリで軍事クーデター、アジェンデ政権倒れる　第4次中東戦争　原油の生産制限
1974	*刑法改悪	*物不足・物価高問題続く　*戦後初のマイナス成長　11部落解放同盟による八鹿高校暴力事件　12金権政治批判で田中内閣総辞職	国連総会パレスチナ人の自決権、PLOのオブザーバー資格承認
1975	8三木首相靖国神社参拝　*憲法と革新自治体　公選法　少年法	4公選法・政治資金規正法改悪案国会提出　7同法成立　11スト権スト	南ベトナム政権降伏　臨時革命政府が全権掌握　米敗北
1976	1～戦前の治安維持法違反事件を理由に共産党宮本委員長を国会で攻撃　11防衛費GNP1%枠決定　天皇在位50年祝典　*職場の自由と民主主義	2ロッキード事件問題化　7田中前首相逮捕	ベトナム社会主義共和国樹立　カンボジア・ポルポト政権の大虐殺　中国で毛沢東没　東南アジア友好協力条約（TAC）締結
1977	9米軍機横浜市で民家に墜落2人死亡7人重軽傷　国際人権規約	8原水禁世界大会統一開催	文化大革命終結　ベトナム社会主義共和国国連加盟

1978	9防衛庁が有事法制研究を進めると発表 10元号法制化を閣議決定 11日米防衛協力指針決定 *有事立法 司法反動化	4革新統一破壊の策動強まり京都府知事・横浜市長選などで敗れる 8日中平和友好条約調印	第1回国連軍縮特別総会 米中国交正常化
1979	2元号法案国会提出 4靖国神社にA級戦犯合祀が判明 6元号法成立	2ダグラス・グラマン航空機不正取引疑惑発覚 4東京・大阪で革新知事敗れる 6国際人権規約批准	ポル・ポト政権崩壊 中国軍ベトナムへ侵攻 米スリーマイル島原発事故 国連女性差別撤廃条約採択 ソ連軍アフガニスタン侵攻
1980	2海上自衛隊が環太平洋合同演習に初参加 12**80年代を展望するフォーラム**	1社会党・公明党が共産党排除、安保自衛隊容認の連合政権構想で合意	韓国光州市で軍が大弾圧 イラン・イラク戦争
1981	宣伝規制の公選法改悪案成立 5鈴木首相シーレーン防衛発言 10日本を守る国民会議結成 *スパイ防止法	3第二次臨時行政調査会（土光会長）発足 5全国革新懇結成 11教科書に真実を2万人集会	米レーガン大統領就任 ヨーロッパで大規模な反核集会・デモ
1982	*地方議会の自衛隊法改正決議	7~8中国・韓国政府教科書検定に抗議 7第二臨調が行政改革基本答申 9沖縄県議会、日本軍の住民殺害の教科書記述復活を求める意見書 11中曽根内閣発足	国連軍縮特別総会
1983	1中曽根「日米運命共同体・日本列島不沈空母」発言	10田中角栄に地裁実刑判決	ヨーロッパで米の核ミサイル配備反対大集会
1984	4**政党法に反対する中央連絡会議発足** *スパイ防止法	8臨時教育審議会設置	
1985	6自民党、国家機密法案国会提出 **国家機密法阻止各界連絡会議発足** 12国家機密法廃案	4NTT、JT発足 10国鉄分割民営化を閣議決定	ヴァイツゼッカー西独大統領歴史想起演説 ドル高介入のプラザ合意
1986	4天皇在位60年式典 12防衛費GNP1%を突破	4男女雇用機会均等法施行 経済構造転換の前川リポート 6行革審最終答申 7戦争美化と天皇賛美の『新編日本史』検定合格	フィリピンでアキノ大統領就任 チェルノブイリ原発事故
1987	9**アピール「いま声をあげるとき」**	4国鉄分割民営化 8臨教審最終答申 12原発問題住民運動全国連絡センター結成	ニューヨークで株価大暴落 INF全廃条約調印
1988	9**天皇美化キャンペーン抗議声明** 12本島	9天皇重体 11衆議院リクルート問題特別	アフガニスタンからソ連軍撤兵

	長崎市長天皇戦争責任発言 *世界人権宣言40年	調査委員会設置 12消費税など税制改革法案成立	で合意 イラン・イラク戦争停戦
1989	1竹下首相「政治改革元年」発言 **天皇死去で声明 よびかけ「小選挙区制・政党法反対運動を強めよう」**	1昭和天皇死去 3文部省日の丸君が代義務化通達 4消費税実施 7参議院選で与野党逆転 11「全労連」「連合」結成	天安門事件 ベルリンの壁崩壊 東欧諸国政権の改革・崩壊
1990	1右翼が本島長崎市長を銃撃 6**小選挙区制・政党法に反対する中央連絡会議結成** 9政治改革法案廃案 10国連平和協力法案提出 11同法案廃案	11沖縄県知事に革新統一大田昌秀当選 バブル経済崩壊	イラク軍クウェート制圧 東西ドイツ統一 国連安保理事会が多国籍軍のイラクへの武力行使容認決議
1991	1仙台高裁が岩手靖国訴訟で首相らの公式参拝違憲判決 湾岸戦争支援で90億ドル追加支出を決定 4ペルシア湾に海自掃海艇派遣 5**憲法の平和原則蹂躙に反撃をよびかけ** 9PKO法案提出 政治改革法案廃案	6小学校教科書に東郷平八郎が登場 8～9国会証券金融特別委員会が各社幹部を証人喚問 *日本軍「慰安婦」・強制連行などで戦後補償裁判はじまる	湾岸戦争 ワルシャワ条約機構解体 ソ連邦解体 韓国・北朝鮮国連同時加盟
1992	6PKO協力法成立強行 9自衛隊カンボジア派兵 12読売憲法調査会第一次提言	1ブッシュ来日、日米グローバルパートナーシップを約束する東京宣言発表 10佐川急便事件で金丸信が議員辞職	ユーゴ内戦 国連環境開発会議開催 フィリピンで米軍基地撤去 韓中国交樹立
1993	8**小選挙区制反対中央連絡会議アピール発表** 9小選挙区制など政治改革法案国会提出	8「慰安婦」問題で日本軍関与を認めた河野官房長官談話 細川内閣成立 *日米包括経済協議開始	米ロ戦略兵器削減条約締結 欧州連合（EU）発足 韓国で文民大統領就任
1994	3小選挙区制・政党助成金など政治改革関連法成立 5**小選挙区制の廃止をめざす国民運動発足** 11読売新聞「日本国憲法改正試案」	6自社さ村山内閣成立、自衛隊合憲・日米安保維持を表明 *今後毎年、米から年次改革要望書	北朝鮮核疑惑に関し米朝合意 南アフリカでマンデラ大統領就任
1995	2安保再定義めざすナイ・レポート 5読売「総合安全保障政策大綱」 8植民地支配と侵略お詫びの村山首相談話	1阪神淡路大震災 9沖縄少女暴行事件 10少女暴行事件糾弾・地位協定見直し・米軍基地縮小要求沖縄県民大会	朝鮮半島エネルギー開発機構（KEDO）発足 米ベトナム国交正常化 ベトナムASEAN加盟
1996	4安保再定義の日米共同宣言 12普天間	8巻町で原発是非を問う住民投票 9米軍	国際司法裁判所、核兵器は国際

	基地移設などSACO最終報告	基地縮小・地位協定見直しの沖縄県民投票 民主党結成 11自民単独の橋本内閣成立	法違反との意見 アフリカ非核地帯条約
1997	4米軍用地特措法施行 愛媛県玉串料訴訟で最高裁違憲判決 5日本会議発足 9日米新ガイドライン合意	1新しい歴史教科書をつくる会結成 4消費税5%に 7アイヌ文化振興法成立 8家永教科書訴訟最高裁で一部勝訴 11拓銀・山一証券破綻 12介護保険法公布	化学兵器禁止条約発効 香港中国に返還 温暖化防止京都会議 対人地雷禁止条約採択
1998	4新ガイドライン関連法案提出 5**新ガイドライン立法化反対連絡会議結成**	7日中共産党党首会談	金大中大統領就任 北朝鮮テポドン発射 米英イラクを空爆
1999	5周辺事態法成立 7憲法調査会設置の国会法改定成立 8国旗国歌法成立	6男女共同参画社会基本法成立 9東海村ウラン加工施設で臨界事故 11小渕内閣自自公連立に	EUユーロへ通貨統合 NATOユーゴ空爆 ハーグ世界平和市民会議
2000	1国会両院で憲法調査会活動開始 4日米核持ち込みの秘密協定発覚	1吉野川可動堰で徳島市住民投票9割反対 4介護保険法施行 5森首相「日本は神の国」発言 12女性国際戦犯法廷	朝鮮南北首脳会談
2001	5**幅広い共同で初回5・3憲法集会** 10テロ特措法成立 12PKO法改定でPKF本隊業務参加可能に	1中央省庁再編 2えひめ丸に米原潜衝突沈没 4情報公開法施行「つくる会」教科書検定合格 小泉内閣成立 8首相靖国参拝	第1回世界社会フォーラム 米で9・11同時テロ 米アフガニスタン空爆
2002	4武力攻撃事態法など有事法制3法案国会提出	9小泉首相訪朝、日朝平壌宣言	米先制攻撃戦略を発表 国際刑事裁判所規程発効
2003	6有事法制3法案成立 7イラク特措法成立	4日本郵政公社発足 5個人情報保護法成立	米英軍イラク戦争開始 北朝鮮問題で6ヵ国協議開始
2004	1自衛隊にイラク派遣命令 5読売改憲試案発表 6九条の会発足 国民保護法など有事7法成立	3労働者派遣法改定 5裁判員裁判法成立 6年金改革関連法成立 8米軍ヘリ沖縄国際大に墜落 12東南アジア友好協力条約加盟	
2005	5国会憲法調査会報告書 10民主党「憲法提言」 11自民党「新憲法草案」 日米秘密保護で合意	3島根県議会竹島の日条例可決 9郵政民営化選挙で自民圧勝 10郵政民営化法成立	京都議定書発効
2006	5米軍再編ロードマップで日米合意	9第一次安倍内閣 12教育基本法改定	北朝鮮核実験 サダム・フセイン処刑

2007	1防衛省に昇格 海外派兵を自衛隊の本務に 4安保法制懇発足 5改憲手続法成立 9**初回憲法講座**	3沖縄の「集団自決」に関し軍の強制を教科書検定で削除したことが判明 9安倍首相辞任 検定意見撤回沖縄県民大会	南北朝鮮会談開く
2008	1新テロ特措法成立 4読売世論調査で改憲反対が賛成を超える 名古屋高裁でイラク派兵に違憲判決 5九条世界会議	12年越し派遣村開設	クラスター爆弾禁止条約成立 リーマン・ショック
2009	3海自ソマリア派兵 4ジブチと地位協定締結 6海賊対処法成立	9民主党鳩山内閣成立	米オバマ大統領就任 核兵器のない世界追求を演説
2010	12動的防衛力掲げ防衛計画大綱策定	1辺野古基地反対の稲嶺名護市長当選	NPT再検討会議
2011	7自衛隊ソマリア沖海賊対処・ジブチ基地開所 8秘密保全有識者会議秘密保全法を提起 11国会憲法審査会活動開始	3東日本大震災 福島原発事故 8戦争美化の育鵬社版教科書採択伸ばす 12辺野古新基地の環境影響評価書未明に県庁へ搬入	中南米カリブ海諸国共同体設立 中東・北アフリカで民主化運動
2012	4自民党「日本国憲法改正草案」 7自民党「国家安全保障基本法案」野田政権国家戦略会議集団的自衛権検討提起	3仙台地裁自衛隊情報保全隊の活動に違法判決 6大飯原発再稼働決定 9尖閣諸島国有化で日中対立 10自民党「教育再生実行本部」発足 12第2次安倍内閣成立	
2013	2首相96条改憲方針 5「96条の会」発足 11**STOP!「秘密保護法」11・21大集会** 国家安全保障会議設置法 12秘密保護法成立「**秘密保護法」廃止へ！実行委員会発足** 安全保障戦略 新防衛計画	1教育再生実行会議を首相直属で設置 6いじめ防止対策推進法成立 11文科省教科書改革実行プラン発表	
2014	**4解釈で憲法9条を壊すな！4・8大集会&デモ** 立憲デモクラシーの会発足 **解釈で憲法9条を壊すな！実行委員会発足** 5安保法制懇報告書 福井地裁は大飯原発再稼働は人格権侵害だとして差し止め判決 7集団的自衛権行使容認の閣議決定 10ガイドライン改定中間報告 12**戦争させない・9条壊すな！総がかり行動実行委員会発足**	4消費税率8%に引き上げ 6教育委員会制度を変える地方教育行政法改定 10道徳の教科化を中教審答申 11〜12衆議院解散総選挙	

著編者紹介

○総監修／日本国憲法のあゆみと憲法会議の50年

川村《かわむら》 俊夫《としお》（憲法会議代表幹事 元事務局長）

○憲法運動・憲法会議と私

伊藤《いとう》 博義《ひろよし》（宮城憲法会議代表委員 宮城教育大学名誉教授）

増本《ますもと》 一彦《かずひこ》（弁護士）

池上《いけがみ》 東湖《とうこ》（私立大東学園高校講師・法人理事 憲法会議元事務局）

森《もり》　英樹《ひでき》（愛知憲法会議代表委員・前事務局長 憲法会議代表委員 日民協理事長 名古屋大学名誉教授）

○憲法会議50年史　年表

石山《いしやま》 久男《ひさお》（憲法会議代表幹事 元歴史教育者協議会委員長）

○コーディネート

平井 正（憲法会議事務局長）

憲法会議（憲法改悪阻止各界連絡会議）

〒101-0051 東京都千代田区神田神保町2-10 神保町マンション202

TEL：03-3261-9007　FAX：03-3261-5453　Eメール：mail@kenpoukaigi.gr.jp

いまこそ、改憲《かいけん》はばむ国民的共同《こくみんてききょうどう》を
―日本国憲法《にほんこくけんぽう》のあゆみと憲法会議《けんぽうかいぎ》の 50 年《ねん》

2015 年 3 月 6 日　　初版第 1 刷発行
編　者　憲法改悪阻止各界連絡会議
発行者　比留川　洋
発行所　株式会社　本の泉社
〒 113-0033　東京都文京区本郷 2-25-6
TEL. 03-5800-8494　FAX. 03-5800-5353
http://www.honnoizumi.co.jp
印　刷　音羽印刷株式会社
製　本　株式会社　村上製本

ISBN978-4-7807-1212-4 C0031